河南省本科高校新工科新形态教材
高等院校艺术与设计类专业"互联网+"创新规划教材

文化创意产品设计

刘刚田　邹晶晶　张　辉　焦子云　编著

内 容 简 介

本书系统地阐述了文化创意产品设计的理论和方法等专业知识。全书共分 7 章，内容涵盖文化创意产品概述、文创产品的创意思维与设计方法、文创产品设计的基本流程、文创产品设计的材质与工艺、传统文化与文创产品、地域文化与文创产品、特色文化与文创产品几个方面。本书设置了教学实践和在线视频，图文并茂，具有可读性与实用性。

本书适合高等院校工业设计、视觉传达设计、动画、数字媒体艺术等专业师生使用，可作为相关专业教师的教学参考书或学生的教材，也可作为广大从事文化创意产品设计工作的研究者的培训教材和工具书。

图书在版编目（CIP）数据

文化创意产品设计 / 刘刚田等编著. -- 北京：北京大学出版社，2025.7. --（高等院校艺术与设计类专业"互联网+"创新规划教材）. -- ISBN 978-7-301-36405-5

Ⅰ. G114

中国国家版本馆 CIP 数据核字第 2025QS5205 号

书　　名	文化创意产品设计 WENHUA CHUANGYI CHANPIN SHEJI
著作责任者	刘刚田　邹晶晶　张　辉　焦子云　编著
策划编辑	孙　明
责任编辑	王　诗　孙　明
数字编辑	金常伟
标准书号	ISBN 978-7-301-36405-5
出版发行	北京大学出版社
地　　址	北京市海淀区成府路 205 号　100871
网　　址	http://www.pup.cn　新浪微博：@北京大学出版社
电子邮箱	编辑部 pup6@pup.cn　总编室 zpup@pup.cn
电　　话	邮购部 010-62752015　发行部 010-62750672　编辑部 010-62750667
印刷者	北京宏伟双华印刷有限公司
经销者	新华书店
	889 毫米 ×1194 毫米　16 开本　9.75 印张　308 千字 2025 年 7 月第 1 版　2025 年 7 月第 1 次印刷
定　　价	59.00 元

未经许可，不得以任何方式复制或抄袭本书之部分或全部内容。
版权所有，侵权必究
举报电话：010-62752024　电子邮箱：fd@pup.cn
图书如有印装质量问题，请与出版部联系，电话：010-62756370

前　言

本书以习近平新时代中国特色社会主义思想和党的二十大精神为指导，紧扣文化创意产品设计课程的特点和需求，目的是培养学生的创新能力，增进其文化自信。文化是设计的基础和灵魂，文化创意产品设计通过产品创新和文化表达，不仅满足了人们对美好生活的追求，而且弘扬了中华优秀传统文化。

中国是文明古国，拥有深厚的历史积淀和鲜明的文化特色。如何继承和发扬中华五千年灿烂文明，并将传统文化与现代文化有机结合，是当前值得探讨的重要议题。文化创意产业只有以传统文化为根基，以现代设计方法为指导，才能焕发蓬勃的生命力。

习近平总书记高度重视文化建设和创新，强调以文育人、以文化人，对新时代育人工作提出了严格要求。本书具有跨学科性、创新性和实践性，涉及文化、艺术、设计、技术等多个领域的理论知识和实践方法；强调以中华优秀传统文化为基础，培养学生的审美意识、艺术价值评判能力和思想道德品质；强调文化自信，引导学生理解和认同中华优秀传统文化，培养其社会责任感和使命意识；关注本土文化和社会问题，注重人文关怀，强调培养学生的文化创新意识和设计实践能力；将不同学科知识融入设计实践，引导学生树立正确的世界观、人生观、价值观和职业道德观，践行社会主义核心价值观；注重教材的育人功能，引导学生在设计中自觉关注文化传承与创新，培养学生的民族自豪感和社会责任感，使其更深刻地认识文化的价值。

随着数字技术的发展，文化创意产品设计的学习手段呈现多元化的特点。本书不仅包含印刷内容，还配备了完整的电子资源，帮助解决教师讲授和学生学习中的各种问题。本书积极顺应人工智能发展趋势，在附录部分提供了AI伴学内容，帮助学生利用AI工具，如DeepSeek、Kimi、豆包、通义千问、文心一言、ChatGPT等来进行拓展学习。

本书由河南科技大学教师编写，编写分工为：第 1 章、第 2 章由焦子云编写；第 3 章、第 4 章由邹晶晶编写；第 5 章由刘刚田编写；第 6 章、第 7 章由张辉编写。全书由刘刚田拟定大纲并统稿。

希望本书能够为广大艺术类专业的师生提供丰富的知识和实用的指导，推动文化创意产业蓬勃发展。由于编者水平有限，编写时间仓促，书中如有疏漏，恳请广大读者指正。

刘刚田
2025 年 1 月

目 录

第1章　文化创意产品概述 / 001

1.1　文化与文化创意产品 / 002
　　1.1.1　文化 / 002
　　1.1.2　文化创意产品 / 006
　　1.1.3　文化创意产业 / 007
1.2　文化创意产品的特点与需求 / 010
　　1.2.1　产品特点与受众需求的关系 / 010
　　1.2.2　文化创意产品的特点 / 010
1.3　文化创意产品的分类 / 013
　　1.3.1　工艺与手工艺类 / 013
　　1.3.2　影视与新媒体类 / 015
　　1.3.3　文博文创类 / 016
　　1.3.4　视觉与传媒出版类 / 016
1.4　文化创意产品的作用与价值 / 017
　　1.4.1　文化创意产品的作用与影响 / 017
　　1.4.2　文化创意产品的价值与意义 / 017
习题 / 018

第2章　文创产品的创意思维与设计方法 / 019

2.1　文创产品的创意思维 / 021
　　2.1.1　逆向思维与发散思维 / 021
　　2.1.2　抽象转化具象思维 / 022
　　2.1.3　故事化思维 / 023
　　2.1.4　整合归纳思维 / 024
　　2.1.5　模拟思维 / 025
2.2　文创产品的设计方法 / 025
　　2.2.1　文化元素的提取与重构 / 025
　　2.2.2　文化意境的表现与传达 / 027
　　2.2.3　创建文化IP与周边产品 / 028
　　2.2.4　满足情感需求的互动体验 / 029
　　2.2.5　跨界融合与创新 / 031
习题 / 033

第3章　文创产品设计的基本流程 / 035

3.1　文创产品市场调研 / 036
- 3.1.1　文创产品市场调研分类 / 036
- 3.1.2　文创产品市场调研方法 / 038

3.2　文创产品用户分析与画像 / 041
- 3.2.1　文创产品用户研究 / 041
- 3.2.2　文创产品用户需求分析 / 043

3.3　文创产品设计定位与头脑风暴 / 045
- 3.3.1　文创产品设计定位 / 045
- 3.3.2　文创产品头脑风暴 / 047

3.4　文创产品设计实施 / 048
- 3.4.1　文创产品设计方法 / 048
- 3.4.2　文创产品设计表现 / 050

习题 / 051

第4章　文创产品设计的材质与工艺 / 053

4.1　天然材料文创产品 / 055
- 4.1.1　木材文创产品 / 055
- 4.1.2　竹材文创产品 / 057

4.2　金属材料文创产品 / 060
- 4.2.1　铜工艺文创产品 / 061
- 4.2.2　银工艺文创产品 / 063

4.3　陶瓷文创产品 / 065
- 4.3.1　陶瓷文创产品概述 / 065
- 4.3.2　陶瓷文创产品工艺 / 066

4.4　纸质文创产品 / 068
- 4.4.1　纸质文创产品概述 / 068
- 4.4.2　纸质文创产品工艺 / 069

习题 / 071

第5章　传统文化与文创产品 / 073

5.1 民俗文化与文创产品 / 074

    5.1.1 民俗文化与文创产品的联系 / 074

    5.1.2 民俗文化在文创产品中的应用 / 075

5.2 民间工艺与文创产品 / 078

    5.2.1 民间工艺的概念 / 078

    5.2.2 民间工艺在文创产品中的应用 / 079

5.3 非遗与文创产品 / 080

    5.3.1 非遗与文创产品概述 / 080

    5.3.2 非遗与文创产品的关系 / 080

    5.3.3 设计原则与方法 / 083

习题 / 085

第6章　地域文化与文创产品 / 087

6.1 地域文化与文创产品概述 / 088

    6.1.1 地域文化概述 / 088

    6.1.2 地域文化创意产品设计现状 / 088

    6.1.3 地域文化特征 / 090

    6.1.4 地域文化创意产品设计特性 / 091

6.2 地域文化创意产品的设计 / 092

    6.2.1 地域文化创意产品设计原则 / 092

    6.2.2 地域文化创意产品设计思路 / 094

    6.2.3 地域文化元素在文创产品设计中的应用 / 095

    6.2.4 地域文化创意产品设计表现 / 096

6.3 地域文化创意产品的开发 / 097

    6.3.1 "传神"和"达意" / 097

    6.3.2 地域文化元素的转化 / 097

    6.3.3 叙事性设计 / 099

    6.3.4 地域文化元素的应用 / 102

6.4 地域文化创意产品设计案例分析 / 103

    6.4.1 华南地区 / 103

    6.4.2 江南地区 / 106

    6.4.3 中原地区 / 107

    6.4.4 其他地区 / 110

习题 / 113

第7章　特色文化与文创产品 / 115

7.1　博物馆文创产品 / 116
- 7.1.1　博物馆文创产品概述 / 116
- 7.1.2　博物馆文创产品开发现状 / 117
- 7.1.3　博物馆文创产品设计方法与开发策略 / 119

7.2　食品文创产品 / 122
- 7.2.1　食品文创产品概述 / 122
- 7.2.2　食品文创产品开发现状 / 123
- 7.2.3　食品文创产品开发策略 / 124
- 7.2.4　食品文创产品设计案例 / 124

7.3　红色文创产品 / 130
- 7.3.1　红色文化与红色文创产品概述 / 130
- 7.3.2　红色文化资源分析 / 130
- 7.3.3　红色文创产品开发现状 / 133
- 7.3.4　红色文创产品设计原则与方法 / 133
- 7.3.5　红色文创产品设计案例 / 133

7.4　校园文创产品 / 135
- 7.4.1　校园文创产品概述 / 135
- 7.4.2　校园文创产品开发现状 / 138
- 7.4.3　校园文创产品设计方法与推广策略 / 139

习题 / 141

附件1：AIGC图像生成——AI提示词 / 142

附件2：大语言模型——文本生成 / 145

第1章
文化创意产品概述

教学目标

(1) 了解并掌握文化创意产品的基本概念。
(2) 了解并掌握文化创意产品的特点。
(3) 了解并掌握文化创意产品的分类。
(4) 了解并掌握文化创意产品的作用与价值。

【本章教学框架】

教学要求

知识要点	能力要求	相关知识
文化创意产品的基本概念	(1) 认识并了解文化的概念、分类、作用及影响 (2) 认识并了解文化创意产品的概念及内涵 (3) 认识并了解文化创意产业的现状及发展趋势	文化创意产业发展及国家政策支持
文化创意产品的特点	(1) 了解并掌握文创产品的文化性与艺术性特点 (2) 了解并掌握文创产品的地域性与民族性特点 (3) 了解并掌握文创产品的纪念性与实用性特点 (4) 了解并掌握文创产品的经济性与时代性特点	产品特点与受众需求的关系
文化创意产品的分类	(1) 认识并了解工艺与手工艺类文创产品 (2) 认识并了解影视与新媒体类文创产品 (3) 认识并了解文博文创类产品 (4) 认识并了解视觉与传媒出版类文创产品	文化创意产品的个性化、多元化发展趋势
文化创意产品的作用与价值	(1) 了解并掌握文化创意产品的作用与影响 (2) 了解并掌握文化创意产品的价值与意义	国潮文化兴起及传统文化的传承与创新

推荐阅读资料

（1）牛志男.让文创点亮梦想 我国民族文化创意产业政策及发展简述［J］.中国民族，2020（4）：46-50.

（2）王棋壹，雷青，康祖怡.基于"故宫文创"的产品价值感知与消费需求影响研究［J］.包装工程，2023，44（14）：224-234.

（3）汪甜甜.互联网+大数据背景下文创产业创新发展研究［J］.企业改革与管理，2021（2）：69-70.

基本概念

当今时代是互联网和大数据主导的新信息时代，快速发展的经济和迅速更新的信息在提升人们生活质量的同时也加快了人们生活的运转速度，而高速运转的生活使人们产生了新的精神需求。现代产品不应只满足消费者对功能的需求，更多的时候应像一颗能够治愈心灵的种子，使人们在使用及保存它的过程中产生一种微妙的情感反应。文创产品具备使消费者产生情感共鸣的特性和优点，在传承文化的同时，通过不同方面、不同层次的创新，给予人们层层递进式的情感互动，更好、更久远地为人们的生活提供物质和精神层面的服务。

国家政策鼓励并支持中国文创产业区域式快速发展，消费者多样化的需求促进了文创设计改革，博大精深的中华文化与多种类产品融合、创新，形成文创产品个性化、多元化的发展趋势，引导并推进了中国国潮文化的兴起，国潮也成为新时代的时尚风向标。

引例： 故宫文创的跨媒介融合与发展

中华文化源远流长、博大精深，是中华文明几千年来的智慧结晶。北京故宫博物院现有藏品180万余件（套），时间跨度大，种类繁多，是我国当之无愧的"艺术宝库"。

故宫博物院在2008年举办了首届文创产品设计竞赛，开启了文创产业的探索之路。早期开设的淘宝故宫店，因产品定位缺乏新意、风格过于传统等原因未被大众熟知。2010年故宫博物院入驻微博。2013年，故宫淘宝开通官方微信公众号，主推文物介绍和文化科普，但阅读量一直不高，直至2014年，公众号发布《雍正：感觉自己萌萌哒》一文，一改人们对雍正帝的刻板印象（图1-1）。活泼有趣的图文通过互联网快速传播，自此，故宫博物院找到了"流量密码"。在微信公众号的宣传之下，故宫博物院逐渐占据国内文创产品的龙头之位。

现在，故宫淘宝已成为淘宝上关注度极高的文创产品店，这得益于故宫博物院选择了具有代表性的人物作为与大众联系的纽带，以大众喜闻乐见的形式和风格进行文化沟通。数字化文创产品更是迎合了人们信息化交流、休闲娱乐的需求，动漫剧《故宫回声》以青少年喜爱的方式讲述故宫国宝故事，进一步锁定潜在客户群体。故宫文创使人们从单纯的购买者转变为院内藏品的拥有者和使用者，且文创产品集实用性、趣味性、文化性、现代感于一体，使传承传统文化成为人们日常生活的一部分。

图1-1 "雍正：感觉自己萌萌哒"微信推文配图

【《胤禛行乐图册》】

1.1 文化与文化创意产品

1.1.1 文化

1. 文化的概念

文化是一种社会现象，同时也是一种历史现象。广义上讲，文化就是人类在社会实践过程中获得的物质、精神上的生产能力，以及创造的物质、精神财富。文化是凝结在物质之中又超脱于物质的，能够被传承和传播的一个国家或民族的思维方式、价值观念、生活方式、行为规范、科学技术等。文化是一种人类在交流过程中普遍认可的意识形态，是对客观世界的感性知识和经验的升华。

狭义的文化，多指精神生产能力和精神产品，包括自然科学、社会意识形态等，有时又专指教育、科学、艺术等方面的知识。1871年，英国人类学家爱德华·伯内特·泰勒在《原始文化》这本著作中提出了狭义文化的概念，即文化是包括知识、信仰、艺术、道德、法律、习俗和任何人作为一名社会成员而获得的能力和习惯在内的复杂整体。

2. 文化的分类

因文化自身的复杂性和多样性，我们无法清晰、准确地对其进行分类，只能根据某种因素对文化进行大致分类。比如根据历史因素，文化可以被分为传统文化和现代文化。

传统文化，这里指历代传承的优秀传统文化，它们是中华民族的智慧结晶，是中华民族永续发展的精神力量，我们要对中华优秀传统文化进行继承与发扬。我国的传统文化形式丰富、种类多样，如图1-2所示，有家具文化、宗祠文化、服饰文化、饮食文化等，每一种传统文化又可以根据年代或地域细分出多个文化层面。比如，饮食文化可根据地域分为豫菜文化、湘菜文化、川菜文化等，又可根据饮食种类分为酒文化、茶文化、小吃文化等。

现代文化，顾名思义，是工业设计革命之后新信息时代的文化，它具有个性化、多元化的特点。现代文化的内容，主要来源于以下3个方面。

一是针对传统文化的再设计，即在传统文化原本样式、品类的基础上加以改造和创新，使之成为现代人喜爱的文化形式。图1-3所示的各种造型的创意灯笼，使用了新材料、新结构来诠释传统文化中的灯笼文化。DIY的产品形式，使销售方减少了制作工序，从而降低制作和运输成本，购买方则获得了动手制作的乐趣，以及低廉的价格。

二是外来文化的影响，指对外来文化的接受与移植，将其改造成符合本土大众需求的形式，比如现代文化中的盲盒文化，始于日本的潮玩、福袋，在欧美流行后被称为"Blind Box"。盲盒于2016年左右开始在国内流行，给年轻人带来了一种新颖、有趣的购物体验。盲盒的种类和形式也在不断丰富，出现了文具盲盒、考古盲盒等新品种。如图1-4所示，左边是"Heyone黑玩"品牌的"长安即事"系列盲盒，右边是名创优品与故宫博物院联名设计的帝王国玺系列考古盲盒。新国风的动漫玩偶深受年轻人的喜爱，考古形式的盲盒使现代人在接受中国国玺文化熏陶的同时，体验到考古的魅力。

三是现代社会文明的产物，可以是技术和材料方面的创新，也可以是体现现代精神或流行特色的文化。比如，"冲

【国风盲盒】

图1-2 不同种类的传统文化

图1-3 创意灯笼　　　　　　　　　　图1-4 不同种类的盲盒产品

鸭""靠谱""给力"等词汇是网络时代的流行语，这些词汇也衍生出了一系列相关的文创产品。图1-5所示为带有"靠谱青年"字样的卫衣，还有以"冲鸭"为原型的水杯、小夜灯，这些设计充分展现了年轻一代积极向上的生活态度。

根据文化性质，可以将文化分为物质文化和非物质文化。

物质文化，指历史上流传下来的古代文物、园林建筑、名人画作等静态且具有实物性质的文化，一般都具有极高的收藏价值和艺术价值。

非物质文化，即除物质文化外的其他所有文化，是一种非物质形态的、动态的且具有实践性质的文化，代代传承且经久不衰，如太极拳、二十四节气等。

广义的文化一般包括4个层次：物态文化、制度文化、行为文化、心态文化。

一是物态文化层，由物化的知识力量构成，它是人类的物质生产活动及其产品的总和，是可感知的、具有物质实体的文化事物，如青铜礼器、农耕工具等，如图1-6所示。

二是制度文化层，由人类在社会实践中建立的各种社会规范、社团和组织构成，包括社会经济制度、婚姻制度、家族制度、政治制度、法律制度，经济社团、政治社团、宗教社团，教育组织、科技组织、艺术组织等。比如中国清朝特有的八旗制度，如图1-7所示。制度文化层是人类在社会实践中建立的规范自身行为和调节社群关系的准则。

图1-5　流行语衍生的文创产品

【农耕文明】

图1-6　青铜礼器和农耕工具

【八旗制度】

图1-7　中国清朝特有的八旗制度

三是行为文化层，多以民风、民俗的形式出现，具有鲜明的民族、地域特色。行为文化层是人际交往中约定俗成的礼俗、民俗、风俗和习惯，是一种社会的、集体的行为。图1-8所示为庙会活动，属于行为文化层。

四是心态文化层，由人类在社会实践和意识活动中长期孕育的价值观念、审美情趣、思维方式等构成，是文化的核心部分。

3. 文化的作用与意义

文化的重要作用和深远意义主要表现在以下3个方面。

（1）传递文明。文明是人类智慧的结晶，文化是一种人类的精神传承。通过文化来传递文明，不仅能够作用于当时，还能作用于后人。文化经过代代传承形成独特的精神力量，这种精神力量是国家和民族的灵魂。文化可以提高人们思想的深度与广度，能够在人们认识和改造世界的过程中转化为物质力量，对社会发展产生深刻的影响。

（2）规范行为。人是理性和感性的结合体，既有社会属性，又有自然属性。文化的作用是"以文教化"，通过影响人们的思维方式，发挥对人的行为的规范和主导作用。

（3）凝聚社会。文化作为一个国家和民族的价值体系与行为规范，约定了社会标准，影响人们的思维、行为及价值观念等，可以内化为个人的世界观、人生观、价值观，从而提高人们的道德情操、认识水平和思想境界，凝聚社会力量。

优秀文化可以丰富人的精神世界，增强人的精神力量，促进人的全面发展。中华优秀传统文化是我们中华民族在长期历史和社会发展过程中的伟大产物，是中华民族思想力和创造力的宝贵结晶。中华优秀传统文化源远流长，深刻影响了世界的历史与文化。在当今信息时代，中华优秀传统文化对国际社会的影响更加广泛、持久。

文化是人类社会发展过程中的精华与积淀，只有实现文化复兴才能自尊、自信、自强地实现中华民族的伟大复兴。正如党的二十大报告提到的："全面建设社会主义现代化国家，必须坚持中国特色社会主义文化发展道路，增强文化自信，围绕举旗帜、聚民心、育新人、兴文化、展形象建设社会主义文化强国，发展面向现代化、面向世界、面向未来的，民族的科学的大众的社会主义文化，激发全民族文化创新创造活力，增强实现中华民族伟大复兴的精神力量。"

4. 中国文化与华夏文明

文明和文化的概念明显不同。文化偏重精神和规范，而文明偏重物质和技术。人类文明历史悠久，古代埃及、古代巴比伦、古代印度、中国统称四大文明古国（图1-9）。四大文明古国与世界四大文明发源地相对应，分别是尼罗河流域、两河流域、印度河流域、黄河流域。而四大文明古国之中，文化传承没有中断的只有中国。

华夏文明是世界上最古老的文明之一，以礼乐制度、易经八卦、丹书朱文、上古汉语为思想源泉，在历史上一脉相传。依据中国古籍记载，华夏先民分为大大小小多个部落，活跃于黄河中下游地区。华夏文明经历了有巢氏、燧人氏、伏羲氏、神农氏（炎帝）、轩辕氏（黄帝）、尧、舜、禹等多个时代阶段。

中国文化承载着底蕴深厚的华夏文明，中华优秀传统文化是当代设计师的灵感源泉，多种文化形式被应用于产品设计中，形成具有中国文化特色的创意产品。

图1-8 庙会活动

图1-9 四大文明古国

1.1.2 文化创意产品

1. 创意的概念

创意，即创新意识，是人类在生产、生活实践当中，采用新方式、新方法进行创造的过程。更多指人类根据对现实存在事物的理解及认知，发展出的一种新的抽象思维和行为潜能。创意萌芽于人类最早的造物活动，随着人类文明的发展而发展，与人类文明密不可分。人类社会在创意、创新中诞生，也在创意、创新中发展。

如图1-10所示，在人类语言产生之后、文字出现之前的原始社会时期，结绳记事是人类特有且独具创意的记录方式，不同粗细的草绳上大小、距离、形态不同的绳结代表不同的事件。部落中会有专人（一般是酋长或巫师）遵循一定规则来记录，并代代相传。结绳记事过程烦琐及不易保存的特性促进了文字的诞生。

创新是一个民族进步的灵魂，是一个国家兴旺发达的不竭动力。创新也是当代科技发展的主旋律，一个国家、一个民族只有不断创新，才能在激烈的国际竞争中处于领先地位。

党的二十大报告提出："坚持创新在我国现代化建设全局中的核心地位。""培育创新文化，弘扬科学家精

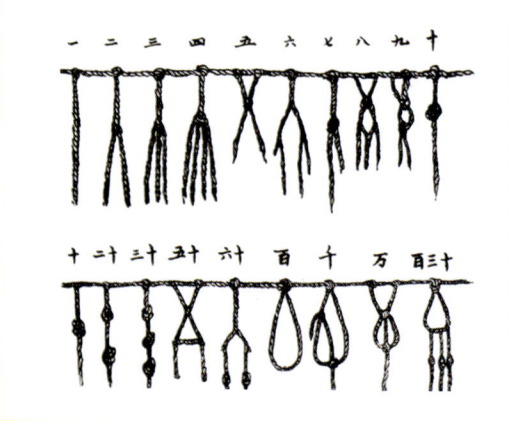

图1-10 结绳记事

神,涵养优良学风,营造创新氛围。""扩大国际科技交流合作,加强国际化科研环境建设,形成具有全球竞争力的开放创新生态。"

2. 文化创意产品的概念

文化创意产品一般指设计者运用设计知识,以某种文化元素的具体形式为灵感来源,借助现代科学技术设计和创造的创新产品,简称文创产品。随着现代化社会的发展,消费者个性化、差异化的消费需求让文创产品逐渐成为市场的新兴消费品。文创产品都具有文化主题、创意转化、市场价值这3个共同特征。通过分析文化载体本身所蕴含的文化因素,将这些文化因素转化为符合现代生活状态的设计要素,并探求其精神层面的价值,即产品的"体验价值"。文创产品设计处于技术创新和研发等产业价值链的高端环节,科技和文化的附加值也明显高于普通产品和服务。文创产品设计的核心是人,文创产品在满足消费者产品功能需求的前提下,提升了产品的文化意境,进一步满足了现代消费者对传统文化的新需求,在提升现代消费者生活品质的同时提高产品的附加值。文创产品是反映物质功能和精神追求的各种文化因素的综合体,是产品价值、使用价值和文化价值的统一。

图 1-11 所示是故宫淘宝的文创茶具——"五大名窑"茶具礼盒,其设计来源于我国的宋瓷。宋朝时期陶瓷业兴盛,名窑遍布、名瓷频出,其中汝窑、官窑、哥窑、钧窑、定窑"五大名窑"享誉古今,备受推崇。这套茶具礼盒以故宫博物院院藏的"五大名窑"瓷器为灵感,仿古器型,精调釉色,尽显宋朝名瓷风华。其中汝窑的竹节杯,取天青釉色,温润如玉;开细碎纹片,纹如蝉翼,灵感来源于宋朝汝窑淡天青釉弦纹三足樽式炉。官窑的葵口杯胎体敦实、釉面油润,以冰裂纹开片,灵感来源于宋朝官窑青釉葵口碗。哥窑的八方杯,青灰古朴、润泽如酥,开片较细,如网交织,灵感来源于宋朝哥窑青釉八方碗。钧窑的菱花杯出窑万彩、巧夺天工,色彩美艳、纹理细腻独特,灵感来源于宋朝钧窑玫瑰紫釉葵花式花盆。定窑的斗笠杯,纹饰丰富、莹润细腻,内印缠枝芙蓉花纹,生动简洁,灵感来源于宋朝定窑白釉印花缠枝芙蓉纹花口碗。这套茶具礼盒使得热爱中国传统文化的消费者可以一次性集齐5款经典的名窑名瓷,不同的造型样式也方便品茶人记住自己的茶杯,避免错拿的尴尬。这套茶具礼盒具有体验价值、文化价值和收藏价值,满足了消费者精神层面

图 1-11 "五大名窑"茶具礼盒

的需求。亲民的价格、优良的品质,再加上"五大名窑"的创意点,使这套茶具礼盒成为故宫淘宝的爆款产品。

【"五大名窑"茶具礼盒】

1.1.3 文化创意产业

在现代,文化创意产业属于朝阳产业,其发展规模是评价所属地区经济竞争力和文化向心力的重要指标,是各地区寻求新的经济增长点的重要依托。

1. 文化创意产业的概念

所谓文化创意产业,就是将抽象的文化通过各种方式、载体转化为具有高度经济价值的"精致产业"。文化创意产业通过创意将原创性的知识融入具有丰富内涵的文化之中,形成能够创造经济价值的全新的产业类型。

文化创意产业可以为产品注入新思想、新文化、新情感、新概念、新时尚,在很大程度上提高了产品的文化附加值,带来了可观的经济效益。

我国文化创意产业主要分为五大类。一是文化艺术，包括表演艺术、视觉艺术、音乐创作等；二是创意设计，包括服装设计、广告设计、建筑设计等；三是传媒产业，包括出版物、电影、电视、广播等；四是工艺美术，包括雕塑工艺、陶瓷工艺、民间工艺等；五是软件及计算机服务，包括软件开发与定制、智能化系统支持等。

2. 中国文化创意产业现状

文化创意产业是保持文化活性、传承优秀文化的服务产业，更是促进市场经济在信息时代实现新一轮增长的重要发力点。随着我国文创产品需求的增长，文化创意产业的发展逐渐加快。2014年2月26日，国务院印发《关于推进文化创意和设计服务与相关产业融合发展的若干意见》（下文简称《意见》），从战略层面将"文化创意"和"产业"整合在一起。这也是国务院首次将"文化创意"和"产业"同时放在所印发文件的标题中。为落实《意见》精神，推动文创产业的发展，我国从中央到地方不断出台相关政策，为文化创意产业的发展带来了前所未有的机遇。

文化创意产业的发展有利于推进供给侧结构性改革，培育新的经济增长点，满足人民群众日益增长的物质文化需求。近年来，消费者对文创产品的需求持续增长，但能够打动消费者的文创产品却相对不足，市场上的文创产品存在类别少、质量差、缺乏文化深度的问题。市场需要优秀的文创产品来满足消费者精神层面的需求，文创产业与旅游业也需要深度融合、相互带动、共同发展。

河南省洛阳市落实文旅文创融合战略的部署，践行"颠覆性创意、沉浸式体验、年轻化消费、移动端传播"的理念。在2023年中国洛阳牡丹文化节期间，为让游客沉浸式感受洛阳历史文化的魅力，隋唐洛阳城开启"神都大朝会之万花会"剧本动态游，在NPC（Non-Player Character，非玩家角色）的带领下，游客们沉浸式参与应天门、天堂明堂的"花仙迎宾""牡丹宫宴""花朝盛典"等互动表演，主办方和游客共同演绎盛唐灿烂辉煌的文化乐章，再现盛唐最高迎宾礼仪和大国风貌。在洛阳这座城市当中，身着汉服出游拍照已经成为一种日常活动；汉服一条街的全套妆造摄影服务，也使得洛阳文旅不断出圈。（图1-12）

党的二十大报告明确提出："健全现代文化产业体系和市场体系，实施重大文化产业项目带动战略。加大文物和文化遗产保护力度，加强城乡建设中历史文化保护传承，建好用好国家文化公园。坚持以文塑旅、以旅彰文，推进文化和旅游深度融合发展。"

3. 中国文化创意产业的发展趋势

2017年2月，《国家文物事业发展"十三五"规划》提出打造一批"具有示范带动作用的文化创意产品开发项目和优秀企业"。故宫博物院响应号召，对院内藏品进行梳理并以数字化形式呈现，充分彰显文物魅力。

如图1-13所示，现在的故宫博物院官网采用数字化展现方式，官网首页有五大数字板块：图书馆、视听馆、数字文物库、全景故宫和V故宫。每一个板块都有针对性地以数字化形式展示故宫的深厚文化底蕴和丰富馆藏。

图书馆板块提供与故宫博物院相关的出版物，附带书籍信息和简要介绍，线上参观者可阅读《故宫博物院院刊》、故宫出版社发表的相关论文，以及明清抄本、地方志等古籍。视听馆板块提供故宫讲坛、阅世遗情、我们的清明上河图、故宫考古名家讲坛等视频资源及太

图1-12 "神都大朝会之万花会"剧本动态游与洛阳群众的"汉服诵"活动

图1-13 故宫博物院官网

平令、千秋词等音频资源。数字文物库板块对院内藏品进行数字化统计，分两个专栏，一个是蛇年限定的"灵蛇送福——蛇年文物专题"；一个是根据文物类型制作的数字化藏品总目，准确、详细地归纳了25类文物的数目、编号、名称、年代等关键信息，方便线上参观者数字化检索特定文物。

如图1-14所示，全景故宫板块利用虚拟现实技术，真实呈现故宫全景画面，线上参观者可轻松并快速地浏览、欣赏故宫全貌及故宫内部建筑、装饰等细节。

【全景故宫】

图1-15 故宫博物院官网V故宫板块

党的二十大报告明确提出："繁荣发展文化事业和文化产业。坚持以人民为中心的创作导向，推出更多增强人民精神力量的优秀作品，培育造就大批德艺双馨的文学艺术家和规模宏大的文化文艺人才队伍。坚持把社会效益放在首位、社会效益和经济效益相统一，深化文化体制改革，完善文化经济政策。实施国家文化数字化战略，健全现代公共文化服务体系，创新实施文化惠民工程。"为文化创意产业的发展指明了方向。

图1-14 故宫博物院官网全景故宫板块

如图1-15所示，V故宫使用了三维建模技术，建立虚拟场景，参观者可通过佩戴VR眼镜沉浸式游览故宫；还能虚拟还原一些受损建筑，使参观者看到建筑原本的样貌。V故宫板块利用现代技术充分发掘故宫建筑群的艺术欣赏价值，使线上参观者更加期待实景参观体验。

我国的文化创意产业正在蓬勃发展，中华优秀传统文化也得到了多方面、多维度的继承与创新。人们热爱文化、传承文化，文化也记录并展现着新时代人们多姿多彩的生产、生活。在这个过程中，社会主义核心价值观得到了广泛传播，中华优秀传统文化得到了创造性转化、创新性发展，文化事业日益繁荣。

1.2 文化创意产品的特点与需求

1.2.1 产品特点与受众需求的关系

产品特点与受众需求存在着非常紧密的关系。这种关系体现在产品的设计、开发、市场推广及销售等多个环节之中。一个成功的产品往往能够准确地抓住目标受众的需求，并通过塑造其本身的独特性来满足这些需求。

产品特点指产品具备的独特属性或功能，包括产品的性能、外观、品质、创新性等。而受众需求指目标消费者在购买产品时所关注的核心利益或主观期望，包括产品的实用性、便利性、性价比、个性化等。消费者在购买产品时，通常会根据自己的需求评估产品的价值，并选择最符合自己期望的产品完成购买行为。

产品特点与受众需求的关系体现在以下几个方面。

1. 满足需求

产品特点应该与受众需求相匹配。如果受众注重产品的性能，那么产品应该具备出色的性能特点；如果受众更关注产品的外观，那么产品的外观设计应该符合受众的审美偏好。

2. 提升价值

产品特点能够提升产品在市场上的竞争力，从而满足受众对产品的期望。例如，一款具有创新性的产品能够吸引更多消费者的注意，并提升产品的整体价值。

3. 创造差异

产品特点可以帮助产品在众多竞品中脱颖而出。当产品具备与竞品不同的特点时，它更有可能吸引受众的注意，并满足他们对差异化的需求。

如图1-16所示，产品特点与受众需求的关系是产品开发和市场推广的基础。为了建立产品特点与受众需求之间的良好关系，企业需要进行市场调研和受众分析，以了解受众的需求和偏好。企业还需要不断优化产品，以满足受众不断变化的需求。当产品特点与受众需求相匹配时，产品才能在市场上取得成功。

党的二十大报告提出："……明确我国社会主要矛盾是人民日益增长的美好生活需要和不平衡不充分的发展之间的矛盾，并紧紧围绕这个社会主要矛盾推进各项工作，不断丰富和发展人类文明新形态。"新时代的设计人员应更加注重受众需求，增强特色产品在市场中的竞争力，激励消费者购买行为，满足消费者外显或内隐的需求。

1.2.2 文化创意产品的特点

文创产品所提供的"体验价值"，要求产品不仅能够满足消费者物质层面的需求，而且能够满足消费者精神层面的需求。因此，文创产品在具备普通产品一般特征的同时，还应该具备特殊的特征，比如文化性、艺术性、地域性、民族性、纪念性、实用性、经济性、时代性等。

1. 文创产品的文化性特点

文创产品将文化器物本身蕴含的文化因素转化为设计要素，并运用设计手段为这些文化因素寻求符合时代特征的新形式。因此，文创产品具有很强的文化性特征，它通过具体的文化内容来凸显民族传统、时代特色、社会风尚、企业或团体理念等精神层面的信息。文化性是文创产品的核心特点，消费者购买文创产品不仅是为了其使用价值，更多是为了体验一种生活方式，这是文化性为文创产品带来的情感溢价。

【故宫如意发簪】

近年来，我国传统婚嫁仪式复兴，汉服的接受度也不断提升，传统首饰因此受到人们的喜爱和关注。图1-17所示为故宫淘宝推出的一款如意发簪。这款发簪是以故宫博物院藏品清青玉喜鹊登梅图灵芝式如意（图1-18）为灵感设计的，如意头上，梅鹊之景象征"喜上眉梢"，寓意年年如意、鸿运当头，作为婚嫁礼品受到众多消费者的青睐。灵芝在传统文化中寓意吉祥如意，是美好、富贵、幸运的象征，明清时期，灵芝式如意是祈愿用的贵重礼品。将灵芝式如意设计成发簪，不仅使如意、灵芝和传统首饰巧妙结合，更是表达了人们对美好生活的向往。

2. 文创产品的艺术性特点

文创产品的艺术性指创作主体在结合材料、环境等

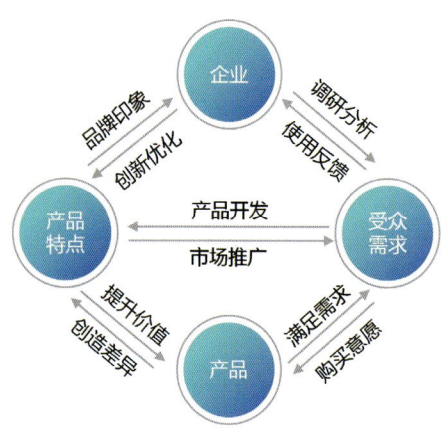

图1-16 产品特点与受众需求的关系

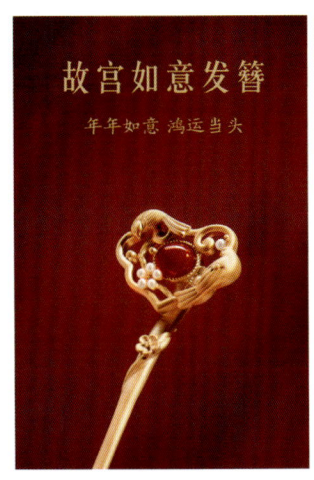

图1-17　故宫如意发簪

图1-19　洛阳"三彩艺"釉画作品

图1-18　清青玉喜鹊登梅图灵芝式如意

条件进行设计时，参照普遍的审美规律，使设计作品体现审美特征。

文创产品应具备高层次的艺术欣赏价值，包括外在形态和内在艺术精神的欣赏价值。只有内外结合的美，才能给人们带来从感官至心灵的愉悦感受，赋予产品体验价值。

图1-19所示为洛阳"三彩艺"釉画作品。洛阳"三彩艺"是在"洛阳三彩"传统工艺的基础上，采用独特的施釉和烧制技术创造的平面陶瓷艺术品，充分彰显了中国陶瓷文化的潜能和优势，是中国陶瓷经验、技术、审美等文化理念的结晶。"三彩艺"具有极高的艺术价值和文化价值，包括饰品、摆件、餐具等多种类型的产品，展现着独特的美感。

3. 文创产品的地域性特点

地域文化是以地域为基础，以历史为主线，以景物为载体，以现实为表象，在社会发展进程中发挥作用的人文活动的总称。地域文化包括当地社会、民族的政治、经济、宗教、风俗等文化形态，是社会价值体系的重要组成。

图1-20所示为不同地域的博物馆文创书签，它们都以地域文化为创意灵感。左图是苏州博物馆的吴钩重辉鎏光书签，灵感来源于吴王夫差剑；中图是故宫博物院

【故宫脊兽书签套装】

图1-20　不同地域的博物馆文创书签

的故宫脊兽书签套装，灵感来源于故宫太和殿屋脊檐角的脊兽；右图为敦煌研究院的九色鹿镂空金属书签，灵感来源于北魏莫高窟第 257 窟的《鹿王本生图》。此套书签承载着不同地域的文化特色，呈现具有差异性的美感特征。

4. 文创产品的民族性特点

艺术由人创造，而人不能离开民族而存在，尤其离不开本土文化，即人具有民族性。更具体地讲，"民族性"指一群人在文化、语言、历史、宗教等方面与其他人群在客观上有所区分。一般来说，同一民族的人在历史渊源、生产方式、语言、文化、风俗习惯及心理认同等方面具有共同特征。

图 1-21 所示为翻糖手艺人郭俊设计制作的民族风文创蛋糕，左边是藏式白塔蛋糕，整体造型简约，白色与浓郁的藏式色彩产生碰撞，细节处点缀藏族经典纹饰，充分展现了具有藏族特色的文化韵味和审美趣味。右边是苗族风格蛋糕，苗族崇拜鸟虫图腾，鸟虫图样被大量运用在蜡染、银饰及刺绣中。蛋糕下部祖鼓的六面绘有鸟虫图腾；中部以苗族服饰刺绣为主体造型，搭配有红色、绿色；顶部以苗族的牛角花草头冠为主体造型，凸显苗族热爱、崇拜自然的民族文化。

图 1-21　民族风文创蛋糕

5. 文创产品的纪念性特点

纪念性是文创产品作为情感和记忆载体的体现。纪念是人们在现实生活中的一种感知方式，人们通过这一方式不断丰富个人和集体的文化意象，进而形成丰富多样的人类文明。纪念性除要求文创产品给人们带来审美愉悦外，还要求其帮助人们回顾历史，了解自身及世界。纪念强调人与被纪念事物之间的关联，文创产品通过纪念性唤醒人们的某种记忆。在进行纪念性文创产品设计的时候，可采用象征手法。象征是以形象代表概念，运用象征手法可以阐明与形象相关联的意义。典型的象征手法包括日期象征（如生日、革命纪念日等）、视觉象征（如品牌、纹饰等）、场所象征（如标志性建筑等）。

图 1-22 所示为三星堆博物馆的祈福神官系列盲盒，借鉴了三星堆遗址出土的多个祈福神官造型，保留了青铜器的质感。青铜器与黄金面具形成强烈的色彩对比，共同构成造型可爱、富有纪念意义和祈福祝愿内涵的系列盲盒。

【三星堆祈福神官系列盲盒】

图 1-22　三星堆祈福神官系列盲盒

6. 文创产品的实用性特点

在传统非遗项目中，传统手工艺创作者的作品更受市场和研究部门的青睐，很大程度上是因为这些作品可直接转化为具备实用价值的产品。消费者在购买产品时，也更青睐具备实用价值的产品。文创产品不一定必须具备实用性，但实用性应是设计师的重点考量维度。

如图 1-23 所示，故宫文创产品中这款"螭龙戏雨"晴雨伞具有较高的实用价值，设计灵感来源于故宫太和殿前"螭龙出水"的奇观，伞滴采用了故宫太和殿的龙首造型，伞内图案取自故宫博物院藏品"曹素功青麟髓墨－云水纹圆墨"。晴时，祥云逐日；雨时，"螭龙戏水"，晴雨两用，寓意吉祥。

7. 文创产品的经济性特点

经济性指以最低的成本达到最佳的设计效果，文创产品设计应针对目标消费群体设置合理的价格。设计师可通过创意设计赋予产品文化内涵，提升产品的体验价值，让消费者觉得物有所值、物美价廉。设计师还应考

【"螭龙戏雨"晴雨伞】

图1-23 "螭龙戏雨"晴雨伞

虑不同消费群体的购买需求,设计不同层次的产品,让消费者有更大的选择空间。

图1-24所示为故宫文创产品"名花十友"创意橡皮擦,此创意来源于故宫博物院藏品汪节庵名花十友墨。这套橡皮擦取其墨形,柔软易擦,双面印金,花卉俏丽。

8. 文创产品的时代性特点

艺术是人类生活的重要组成部分,它可以培养人的认知能力、创造能力及审美能力。文创产品应满足当代人的审美需求,与当代人建立联系,从而跟上时代发展的步伐。

中国的文创产品要"走出去",必须体现中国的本土文化,同时符合国际审美。国际知名华人设计师刘传凯设计了上海世博会城市旅游纪念品——微风,将上海地标以中国特有的折扇形式表现,采用了中国传统香木扇的拉花、烫花、雕花等制作工艺,具有时代性和纪念意义(图1-25)。

图1-24 "名花十友"创意橡皮擦

图1-25 2010年上海世博会城市旅游纪念品——微风

1.3 文化创意产品的分类

1.3.1 工艺与手工艺类

工艺与手工艺类文创产品因其独特的艺术魅力和文化内涵,越来越受到人们的关注和喜爱。这类文创产品不仅具有实用价值，更承载着丰富的历史文化内涵和民族特色。

1. 陶瓷工艺品

陶瓷工艺品造型独特、纹饰精美、实用性强，深受人们喜爱。现代陶瓷工艺品注重创新设计，结合传统文化元素，展现现代审美价值。陶瓷工艺品还具有收藏价值，是文化传承的重要载体。图1-11所示的"五大名窑"茶具礼盒就属于陶瓷工艺品。

2. 木质工艺品

木质工艺品以木材为原料，通过精湛的雕刻技艺制作而成。木质工艺品造型各异，寓意深刻，既具有装饰性，又富有文化内涵。木质工艺品通常选用优质木材，经过精细打磨和上色处理，呈现出自然、质朴的美感。图1-25所示的微风香木扇就属于木质工艺品，既可作为扇子使用，又可放置在展示架上作精致的摆件。

3. 玉石工艺品

玉石工艺品以玉石为原料，通过雕刻、打磨等工艺制作而成。玉石工艺品具有坚硬的质地、独特的纹理、丰富的色彩，呈现出独特的美感。玉石饰品则典雅大方、别具一格，深受人们喜爱。图1-26所示是一组青砂石瑞兽醒狮雕刻摆件，借鉴了传统醒狮文化。

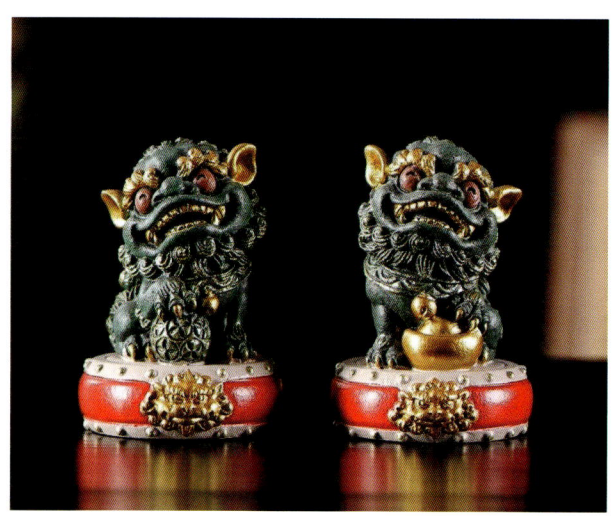

图1-26　青砂石瑞兽醒狮雕刻摆件

4. 刺绣与布艺作品

刺绣与布艺作品是工艺与手工艺类文创产品中的瑰宝。刺绣作品以针线为缝制工具，布料上绣制的图案和文字十分精美，展现出独特的艺术魅力。布艺作品通过剪裁、缝制等工艺制作，可用作家居装饰品。刺绣与布艺作品融合了传统文化元素与现代设计元素，展现出丰富的民族特色和审美情趣。如图1-27所示，左图是故宫淘宝结合中国节气推出的福运如意端午香囊。端午时节天气炎热，蚊虫较多。佩戴香囊是端午节的传统习俗之一，香囊内通常填充一些具有芳香的中草药，有留香、驱虫、避瘟、防病的功效。福运如意端午香囊将中国传统香囊的刺绣工艺和故宫藏品的文化元素结合，表达了"瑞气相伴、好运相随"的美好期盼。

5. 金属工艺品与首饰

金属工艺品与首饰造型精致、品质优良。金属工艺品以金、银、铜等为原材料，通过铸造、打磨等工艺制作，艺术风格独特。金属首饰则以其时尚的设计、精湛的制作工艺和丰富的文化内涵，受到消费者的青睐。图1-17所示的故宫如意发簪就属于金属首饰。

6. 编织与绳艺作品

编织与绳艺作品以天然纤维或合成纤维为原料，通过编织、打结等工艺制作。此类工艺品具有环保、实用、美观的特点，既可作为室内装饰品，又可作为礼品。编织与绳艺作品不仅采用传统编织工艺，还巧妙融入现代设计理念，展现出独特的艺术魅力。如图1-27所示，中图是故宫淘宝推出的系列五彩绳，主题为万事出"粽"，三款产品分别为健康出"粽"、财运出"粽"和福气出"粽"。五彩绳的五彩指白、绿、黑、红、黄，它们分别是中国古代哲学中五行金、木、水、火、土的象征色。

7. 漆器与漆画

漆器与漆画是以天然漆为原料，通过涂抹、镶嵌、雕刻等工艺制作的一类文创产品。漆器以其光滑细腻的质感、丰富的色彩和精美的纹饰，展现出独特的艺术风格；漆画则以独特的构图和精湛的技艺，成为艺术收藏品中的珍品。

如图1-27所示，右图是故宫淘宝推出的螺钿漆器首饰盒，灵感来源于螺钿这一漆器装饰工艺，将螺壳、蚌壳等壳类材料加工后镶嵌在漆器上，色彩华丽多变、工艺精美。

8. 创意DIY与手作

创意DIY与手作是近年来兴起的工艺与手工艺类文创产品。这类产品强调个人创意和手工制作，鼓励消费者通过自己动手制作，体验创作乐趣。创意DIY与手作

【福运如意端午香囊】

【万事出"粽"系列五彩绳】

图1-27 左：福运如意端午香囊 中：万事出"粽"系列五彩绳 右：螺钿漆器首饰盒

种类繁多，包括手工皮具、手工皂、手工陶瓷等，既具有实用性，又富有创意和个性。

图1-28所示是故宫淘宝推出的一款三希堂DIY拼装小屋。灵感来源于故宫养心殿内乾隆帝御用书房——三希堂。乾隆帝以"三希"为堂号，旨在自勉并激励天下士子立志高远，也表达了对所藏3件稀世墨宝（即王羲之《快雪时晴帖》、王献之《中秋帖》和王珣《伯远帖》）的珍爱之情。消费者可通过动手拼装还原"三希堂"布景，体验独特的空间美学。

【三希堂DIY拼装小屋】

图1-28 三希堂DIY拼装小屋

工艺与手工艺类文创产品以其独特的艺术魅力和文化内涵，丰富了人们的生活内容，也促进了文化的传承和创新发展。随着消费者审美水平的提高和文化需求的增长，更多具有创意和特色的工艺与手工艺类文创产品出现，为人们的生活增添了色彩和活力。

1.3.2 影视与新媒体类

影视与新媒体类文创产品，是结合影视元素与新媒体技术创造的具有文化价值和创意性的产品。这类产品既体现了影视文化的魅力，又充分利用了新媒体技术的传播优势，使传统影视文化在现代社会焕发新的活力。

影视与新媒体类文创产品以电影、电视剧为主题，是影视作品的衍生品。这些衍生品包括角色周边商品、电影海报、服装道具复制品等。这些文创产品通过与影视作品的图像、角色和故事情节结合，为消费者提供了一种沉浸式的影视文化体验。比如，动画电影《神偷奶爸》中的小黄人、《功夫熊猫》中的阿宝都是比较成功的电影角色，这些角色的衍生品也成为影视作品创收的重要方向。

在新媒体环境下，影视与新媒体类文创产品的传播和推广方式发生了变化。通过网络直播、短视频等新媒体渠道，影视与新媒体类文创产品可以广泛接触目标受众，实现快速推广。这种推广方式不仅提高了产品的曝光度，还增强了消费者与产品之间的互动。

图1-29所示为山东博物馆馆藏战国铜餐具。这套餐具由59件大小不一的餐具和一个铜壶组成，山东博物馆使用三维动画展示其叠套过程，10个耳杯、10个小碟、10个盒子、4个碗、25个盘，按照从小到大的

图1-29　战国铜餐具

【战国铜餐具】

顺序被放入最大的铜壶之中，铜餐具环环相套、码放整齐。观众通过清晰的演示，仿佛看到了古人真实的生活状态。

此外，新媒体技术为影视与新媒体类文创产品的开发提供了更多可能性。例如，利用虚拟现实（VR）技术，可以创造更逼真的影视场景，为消费者提供沉浸式观影体验。同时，利用增强现实（AR）技术，可以将影视元素与现实生活结合，为消费者带来更有趣且更具创新性的互动体验。

1.3.3　文博文创类

文博文创类产品是文化创意产品与博物馆等文物单位融合发展的产物，包括物质文化遗产和非物质文化遗产、可移动文物和不可移动文物等衍生出来的新业态、新产品。文博文创类产品是由个人或团队通过技术、创意和产业化的方式实现开发与营销的。

文博文创类产品不仅具有商品属性，而且具有文化属性和社会属性。文博文创类产品兼具文物的历史价值、艺术价值和科学价值，且能满足社会公众的期待。此类产品形式多样，包括但不限于文化旅游纪念品类、服装服饰品类、家居装饰品类、图书音像制品类及工艺品类等。

在开发文博文创类产品时，应重点挖掘文化元素，通过创意构思与策划设计产品原型，并选择适当的材料和工艺进行制作。同时，应考虑产品的功能性与实用性，注重包装与展示设计。在市场定位与定价方面，应根据产品的特性、目标市场和消费者需求来制定合理的推广策略。

近年来，文博文创类产品受到越来越多人的喜爱和追捧。各大博物馆也积极投身文创产品开发，通过创新设计和营销策略，将文物的文化内涵传递给消费者。文博文创类产品不仅能够满足消费者的审美需求和实用需求，还能够传承和弘扬中华优秀传统文化，促进文化产业的繁荣发展。

1.3.4　视觉与传媒出版类

视觉与传媒出版类文创产品是文化创意产业与视觉艺术、传媒出版行业创新性融合发展的成果。这类文创产品借助独特的视觉设计和传媒手段，将文化元素、艺术创意及传媒技术融为一体，是具有吸引力、传播力和市场潜力的文化产品。

在视觉设计方面，文创产品注重运用色彩、造型、排版等视觉元素，创造辨识度和美感。文创产品通过创新性的视觉呈现吸引消费者的目光，传达独特的文化魅力和品牌价值。传媒出版是文创产品重要的传播渠道和推广手段。通过报纸、杂志、书籍、数字媒体等媒介，文创产品能够将文化元素和创意构思传递给消费者。传媒出版的优势在于能够迅速、准确地传达信息，并通过多样化的传播方式满足不同消费者的需求。视觉与传媒出版类文创产品种类繁多，包括但不限于创意海报、插画作品集、摄影作品集、设计类书籍、杂志期刊等。这类文创产品不仅具有审美价值，还能够传播文化知识，提升消费者对传统文化的认知水平。

课外书籍是学生群体学习课外知识的主要媒介，立体书突破传统书籍平面性的展现方式，立体化展现书籍主题内容，受到家长和学生的喜爱，市场需求不断增长。以中国传统文化为主题的立体书在传承传统文化的同时，拓宽学生的知识面、培养学生良好的阅读习惯、促进出版类消费增长。

图1-30所示是立体书《打开故宫》，全书长3.2m，直接铺开可总览故宫全景。书中设置了多项互动立体机关，以独特的方式展现了故宫之美。

在开发这类文创产品时，需要注重市场调研和受众分析，了解消费者的需求和偏好；还要深入挖掘文化元素，提取代表性符号，并结合现代设计理念和传媒技术进行创新设计。在推广和销售方面，可以利用各种传媒渠道进行宣传推广，通过线上线下相结合的方式扩大产品的知名度和影响力。视觉与传媒出版类文创产品通过独特的视觉设计和传媒手段，将文化元素和艺术创意呈

【立体书《打开故宫》】

图1-30 立体书《打开故宫》

现给消费者,既丰富了消费者的精神文化生活,又推动了文化创意产业的发展。

1.4 文化创意产品的作用与价值

1.4.1 文化创意产品的作用与影响

1. 传承和弘扬文化

文创产品通常以文化为主题,通过创新性的设计和制作,将传统文化元素展现给人们,使人们更好地了解、传承和弘扬文化。同时,文创产品有助于增强文化自信,增强人们对本土文化价值的认同。

2. 创造经济效益

文创产品的开发和销售不仅可以带来直接的经济收入,还能促进相关产业的发展,如交通运输、物流配送、电子商务等,从而产生更大的经济效益。文创产品还能为当地居民提供更多的就业机会,推动地方经济的发展。

3. 推动文化产业的发展

文创产品为传统文化的传承和创新提供了新的途径,促进了传统文化的创新发展,并增强了人们对传统文化的认同感和自豪感。文创产品还可以建立品牌形象,提升产品的知名度和美誉度,从而推动整个文化产业的发展。

4. 创造社会价值

文创产品通过展现传统文化的独特魅力和价值,满足了人们对艺术和美的追求,丰富了人们的精神文化生活。此外,文创产品还推动了旅游消费的升级,满足了游客对纪念品个性化、定制化、高附加值的需求,从而推动旅游业的持续发展。

1.4.2 文化创意产品的价值与意义

文创产品作为文化与艺术、创意与技术的结合体,是现代社会不可或缺的一部分。文创产品不仅承载着丰富的文化内涵,还具有极高的经济和社会价值。下面将从文化传承与创新、艺术审美提升、情感共鸣、经济效益与产业推动、社会交流与互动、教育启迪与文化传承及品牌形象与宣传几个方面,探讨文创产品的价值与意义。

1. 文化传承与创新

文创产品通过对传统文化的挖掘与再创造,使传统文化在现代社会焕发新的活力。文化创意产品将传统元素与现代设计结合,使人们在欣赏和使用产品的同时,感受到传统文化的魅力。这种传承与创新的方式,既保留了传统文化的精髓,又赋予其时代内涵,为文化的延续与发展提供了有力支持。

2. 艺术审美提升

文创产品具有独特的艺术价值,其精美的设计、独特的造型和丰富的色彩展现出艺术创作的魅力。文创产品不仅满足了人们的实用需求,而且提升了人们的审美水平,丰富了人们的精神世界。通过欣赏和使用文创产品,人们能够更好地理解艺术、感受艺术,从而提升自身的艺术素养。

3. 情感共鸣

文创产品往往蕴含深刻的文化内涵,能够触动人们的心灵,引发情感共鸣。文创产品所展现的文化元素,往往与人们的经历契合,使人们在欣赏和使用产品的同时,获得归属感和认同感。

4. 经济效益与产业推动

文创产品作为文化产业的重要组成部分,具有显著的经济效益。通过开发和销售文创产品,可以创造大量就业机会,促进相关产业的发展。文创产品还能够吸引消费者的关注,为生产企业带来可观的利润。因此,文创产品对于推动文化产业的发展、促进经济增长具有重要意义。

5. 社会交流与互动

文创产品作为文化交流的媒介，能够促进不同文化之间的交流与互动。通过欣赏和使用不同地区的文创产品，人们能够了解不同地区的文化底蕴，增进对不同地区文化的理解和认同。这种跨文化的交流与互动，有助于增强文化的多样性和包容性，促进社会和谐发展。

6. 教育启迪与文化传承

文创产品具有重要的教育价值，通过直观、生动的方式，向人们传递文化知识和历史信息。文创产品还能激发人们的创造力和创新精神，提升人们的审美能力和文化素养。因此，文创产品在教育启迪和文化传承方面发挥着不可替代的作用。

7. 品牌形象与宣传

文创产品作为品牌形象的重要载体，能够提升企业的知名度和美誉度。通过设计独特、富有文化内涵的文创产品，企业能够展示自身品牌形象和文化底蕴，从而获得消费者的关注和认可。

文创产品担负着文化传承与创新的使命，提升了人们的艺术审美能力，使人们产生情感共鸣，推动了经济发展和社会交流，发挥了重要的教育启迪、文化传承和品牌宣传作用。因此，我们应该重视文创产品的开发与推广，为文化的传承与发展贡献力量。

党的二十大报告提出："增强中华文明传播力影响力，坚守中华文化立场，提炼展示中华文明的精神标识和文化精髓，加快构建中国话语和中国叙事体系，讲好中国故事、传播好中国声音，展现可信、可爱、可敬的中国形象。加强国际传播能力建设，全面提升国际传播效能，形成同我国综合国力和国际地位相匹配的国际话语权。深化文明交流互鉴，推动中华文化更好走向世界。"

习 题

一、简答题

1. 如何理解文化的基本概念，文化的作用与意义是什么？
2. 简述产品特点与受众需求的关系。
3. 简述文化创意产品的主要特点。
4. 文化创意产品的价值与意义体现在哪些方面？

二、思考题

近年来，国潮文化兴起，文创产品呈现个性化、多元化的发展趋势，中国传统文化的传承与创新设计迎来市场与机遇，请思考并讨论国家政策和国民参与在这场国潮之中的作用和影响，谈一谈作为大学生应该如何传承和创新中华优秀传统文化。

第 2 章
文创产品的创意思维与设计方法

教学目标

（1）了解并掌握文创产品的创意思维方法。
（2）了解并掌握文创产品的设计方法。

【本章教学框架】

教学要求

知识要点	能力要求	相关知识
文创产品的创意思维	（1）逆向思维与发散思维 （2）抽象转化具象思维 （3）故事化思维 （4）整合归纳思维 （5）模拟思维	创意思维方法
文化元素的提取与重构	（1）了解并掌握文化元素提取与简化的方法 （2）了解并掌握文化元素解构与重构的方法	文化符号与创意图形
文化意境的表现与传达	（1）了解并掌握人文意境的表达方法 （2）了解并掌握自然意境的表达方法	中国传统文化中的自然意境
创建文化IP与周边产品	（1）了解文化IP与周边产品的概念与意义 （2）掌握创建文化IP与周边产品的方法	文化IP的意义与价值
满足情感需求的互动体验	（1）了解消费者情感需求的多样化趋势 （2）掌握互动体验的多种载体及形式	消费者情感需求与产品体验的关系
跨界融合与创新	（1）了解跨界融合的概念与意义 （2）掌握跨界融合的新模式	跨界品牌合作

推荐阅读资料

（1）浦迪.基于互动体验理论的地域文化创意产品设计研究：以苏州地域文化为例［D］.上海：东华大学，2023.

（2）冀心如，王雪丹.唐仕女俑IP数字文创设计［J］.包装工程，2024，45（4）：460.

（3）陶玉涓.品牌跨界设计的创意思维方法［J］.科技传播，2022，14（5）：70-72.

基本概念

随着全球化进程的推进与信息技术的发展，文化创意产品作为一种融合了艺术、技术与文化的创新形式，日益受到市场的青睐。现代文创产品设计不仅担负着传承文化的使命，还需满足消费者多样化的需求，这就要求设计师在创新思维的引导下，不断探索新的设计理念和方法。

创新思维是现代文创产品设计的核心驱动力。设计师需要打破传统思维的束缚，从多角度、多层面思考问题，寻找创新的突破口。现代消费者追求更高品质的产品体验，设计师应坚持以用户为中心的创意思维，以用户需求为出发点，关注用户的心理和行为特征，设计更符合用户期望的产品。设计师应使用逆向思维、发散思维，从问题或结果的反面，或者从其他角度、维度进行思考，发现新的解决途径和可能性。

文创产品的核心价值在于其文化内涵。设计师需要通过深入研究目标受众的文化背景和喜好，将文化元素巧妙地融入产品中，使产品不仅具有实用价值，还具有文化价值和审美价值。

现代文创产品设计需要创新思维，融合文化元素，优化用户体验，应用创新技术，践行环保可持续理念，并制定多元化的市场策略。只有这样，才能打造具有竞争力的文创产品，满足消费者多样化的需求，推动文创产业的持续发展。

引例：融合多种元素的文创产品设计

花样百出的文创产品充分调动了消费者的购买积极性，多元化的创意元素被应用于文创设计，而文创产品也突破了常规的载体形式。

图2-1所示是一款秦兵马俑益智DIY巧克力。该文创食品巧妙结合了趣味性DIY手作、考古文化及盲盒文化。消费者打开包装后，可使用配套的工具破开

图2-1 秦兵马俑益智DIY巧克力

巧克力块，里面的兵马俑会显露，使用毛刷清理兵马俑表面，将巧克力碎块装入裱花袋并浸入热水中使巧克力碎块融化成巧克力液，再将巧克力液注入模具，放入纸棒，待其冷却凝固，即可食用。这款文创产品新奇有趣，老少皆宜，赋予巧克力兵马俑的文化内涵，受到消费者的青睐。

2.1 文创产品的创意思维

2.1.1 逆向思维与发散思维

1. 逆向思维

逆向思维又称反向思维，是一种从相反角度或对立面去思考问题的思维方式。这种思维方式能够帮助我们打破常规思维定势，发现新的可能性和突破点。通过逆向思维，我们可以反向推导问题，提出与传统观念相反的见解或解决方案，获得意想不到的效果。但逆向思维得出的结论或见解，需要经过实践的验证。

（1）形态的逆向。

文化内涵需要以产品形态为载体，进行语义表达。因此，文创产品形态上的逆向，能够带给人最直观的感受差异。形态可以有多样的表达方式，即同一种形态可以对应多种语义，同一种语义也可以通过多种形态表达。设计师可以对原形态进行逆向表达，进而对文化进行新的解读，为文创产品增添新意。图 2-2 所示是吴王夫差剑毛绒玩具，吴王夫差剑是苏州博物馆的镇馆之宝，历经两千余年仍锋利无比、剑气逼人。设计师通过逆向思维方式改变吴王夫差剑冷峻的形态特征，将衍生品设计成毛茸茸、胖嘟嘟的形象。

（2）功能的逆向。

在讲究性价比的今天，具有实际功能是文创产品必需的条件。设计师通过逆向思维使文创产品的功能发生转变，从行为层面颠覆人们对原文化的刻板印象。文创产品的功能是多样的，包括实用功能、美学功能、象征功能等。但是，设计师只能针对文创产品的部分功能进行逆向表达，以保证文创产品与文物在文化内涵上的统一。

如图 2-3 所示，苏州博物馆秘色瓷莲花碗曲奇的设计采用了逆向思维，将文物的实用功能及象征功能进行逆向表达，使莲花碗从盛放食品的器皿转变为可以食用的饼干，丰富了消费者对莲花碗的品鉴方式。秘色瓷莲花碗曲奇采用文物独有的莲花造型，整体颜色与文物也很接近。

（3）情感的逆向。

情感是文化传承的关键，获得情感认同是文创产品设计的重要目标。设计师可以通过情感上的逆向思维制造新的创意点，并将其应用于文创产品中。但设计师需要思考这种逆向的文化情感是否具有对立性和特殊性，从而判断是否可以通过逆向思维来展开设计。一般情况下，正向情感以负向形态表达，所产生的落差比较容易被人们接受，可体现文创产品的与众不同。但是负向情感以正向形态表达需要格外谨慎，因为稍有不慎就会引发误会。图 2-4 所示是一组以"回避""肃静"的衙门仪仗牌衍生出的具有诙谐幽默情感色彩的文创产品。在中国古代司法制度中，衙门仪仗牌是威严的象征。设计师改变了衙门仪仗牌庄严的形象，将其设计成苍蝇拍。

【秘色瓷莲花碗】

图 2-2 吴王夫差剑毛绒玩具

图 2-3 苏州博物馆秘色瓷莲花碗曲奇

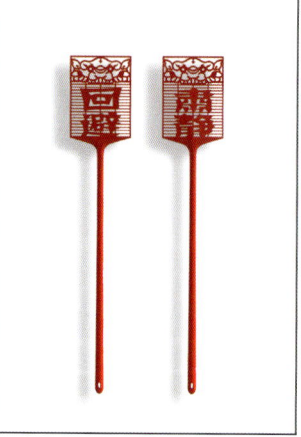

图 2-4 "回避""肃静"苍蝇拍

【中国传统织布过程】

【创意拼搭织布机】

图 2-5 苏州博物馆创意拼搭织布机

苍蝇拍具有扫除、驱赶的含义,"打苍蝇"这一既不严肃也不庄重的行为在情感上与仪仗牌形成极大的反差。这款文创产品制造了不同于受众原有认知的情感差异,具有极强的趣味性。

2. 发散思维

发散思维也被称为创造性思维或多角度思维,是一种使人们在面对挑战或解决问题时,能够从多个角度、多个侧面、多个层次进行观察和思考的思维方式。发散思维突破了传统思维的限制,是一种开放性和扩散性的思维方式。

发散思维具有全面性和灵活性,要求人们在思考问题时,不仅关注事物的某一方面或某一层次,而且从多角度、多侧面、多层次出发,在整体上、全局上把握对象。它提倡在多种方案、多种途径中进行探索和选择,从而找到更全面且更具创新性的解决方案。在解决复杂问题时,多角度思维能够帮助我们深入了解问题的本质,发现不同解决方案之间的优缺点,并综合利用不同的思维方式找到最佳解决方案。

图 2-5 所示是苏州博物馆的创意拼搭织布机,这款文创产品提供沉浸式拼搭、手工纺织体验,以亲子互动游戏为特色,受到众多消费者的喜爱。这款文创产品的灵感来源于苏州丝绸博物馆保存的一台传统织布机。苏州是我国丝绸的重要产地,而织布文化则深深植根于中国人的文化基因。消费者可通过拼搭颗粒式积木,了解传统织布机的构造及工作原理。这款文创产品真正从多角度、多侧面、多层次将传统织布机的特色及深刻的文化内涵,以丰富多样的形式传达给消费者。

发散思维,作为一种扩散式思维模式,其本质特征是追求新颖、独特、创新的思维成果。这与二十大报告中强调的创新驱动发展高度契合。在当今快速发展的时代,我们需要不断突破传统思维束缚,以创新思维推动科技进步、产业升级和社会发展。通过运用发散思维,我们可以发挥创造力和想象力,为国家的创新发展提供源源不断的动力。

2.1.2 抽象转化具象思维

抽象转化具象思维,即在思维过程中,将抽象的概念、理论或观念转化为具体、生动的形象或实例,以便更好地理解和应用。这种转换思维的方法,在进行文创设计编码和受众解码的过程中,具有重要的作用。

抽象概念往往难以理解,因为其脱离了具体的情境和背景,因此需要借助物象(即感官对于事物具体形象的感知)进行表达,将抽象概念转化为具象的图像、场景及实例是我们进行概念转化的关键。通过具象转化,我们可以更好地理解抽象概念或其他难以理解的深刻内涵。

比如文字-图像联想法,就是通过将文字描述的抽

图 2-6 表达《江雪》的不同画作及文创产品

象概念转化为具体的图像来激发创意的方法。文字与图像具有一义多形和一形多义的多层映照关系，发挥想象力和创造力，将复杂的思维过程可视化，可更好地探寻新的创意点和解决方法。

比如柳宗元的经典古诗《江雪》：千山鸟飞绝，万径人踪灭。孤舟蓑笠翁，独钓寒江雪。诗人对所看到的场景进行了抽象的描述，暗喻当时所处的险恶环境，表达了诗人无所畏惧、不向黑暗势力屈服的顽强意志。

图 2-6 所示是表达《江雪》这首古诗的不同画作及文创产品，它们具有共同的特征和寓意，但细节处却不相同，各有千秋。

图 2-7 所示是"独乐乐"香插，该文创产品将"独钓寒江雪"所描绘的场景精简到了极致，也更符合现代文创的简约式审美。

2.1.3 故事化思维

故事化思维是一种场景化思维，是一种将问题或概念融入故事，以情节和角色的形式展现出来，通过讲故事的方式传达信息、表达观点或解决问题的思维方法。通过构建故事框架、推动情节发展，人们可以将复杂的问题简单化、抽象的概念具象化，从而更好地理解和解决问题。故事化思维能够激发人的创造力，使人产生情感共鸣。

（1）故事化思维强调情感共鸣。设计师所讲述的故

图 2-7 "独乐乐"香插

事要让受众听得懂，并产生情感共鸣。这需要设计师充分了解受众的身份和背景，以确保故事具有足够的针对性和吸引力。

（2）故事化思维注重展示逻辑。好的故事必然有清晰的逻辑线索，使受众相信故事内容并帮助其回忆类似的经历，这样的故事更容易被受众牢记。

（3）故事化思维强调认知相符。故事只有与受众的价值观和认知相符，才能引发他们的思考和行动。

在运用故事化思维时，可以采用 SCI 模型来组织语言。S 代表情境，描述故事发生的背景和环境；C 代表冲突，展现故事中的问题和挑战；I 代表影响，描述故事的结局及其对人物和环境的影响。SCI 模型有助于清晰地表达故事，并有效地传达观点或要求。

如图 2-8 所示是故宫淘宝出品的故宫猫锦衣卫盲盒。故宫猫形象的锦衣卫是故事的主要角色，大内高鼠是配角，创作者围绕"锦衣卫是如何练成的"这个故事，搭建了 6 个大内锦衣卫的独家招式训练场景。角色生动可爱，场景诙谐幽默。这套盲盒充分运用故事化思维，将故宫猫与大内锦衣卫的形象巧妙结合，抓住形象卖点，戳中故宫猫受众的消费冲动点。

2.1.4 整合归纳思维

1. 整合思维

整合思维是一种跨越不同领域和学科，将不同观点和知识整合在一起以产生新创意的思维方法。它要求我们具备跨领域的视野和综合能力，能够将不同领域的知识融合在一起，形成新的解决问题的思路和方法。整合思维可以帮助我们打破思维定式，发现不同领域的潜在联系和创新点。

2. 归纳思维

归纳思维是一种通过观察和分析具体案例或数据，找出它们的共同特征和规律，从而得出结论或提出假设的思维方法。归纳思维可以帮助我们总结和提炼创意灵感，为进一步的创新提供指导。

党的二十大报告提出："必须坚持系统观念。万事万物是相互联系、相互依存的。只有用普遍联系的、全面系统的、发展变化的观点观察事物，才能把握事物发展规律。"

如图 2-9 所示，设计师通过归纳思维，分析吹泡泡和放烟花的共性特征，结合我国近年来对烟花爆竹的管制要求，设计了这款非常有创意的烟花泡泡机。七彩泡泡代替了烟花的明火，音响效果烘托了节日的热闹气氛。这一创意设计使人们不仅能够充分感受传统节日的气氛，而且能安全参与庆祝活动。

【故宫猫锦衣卫盲盒】

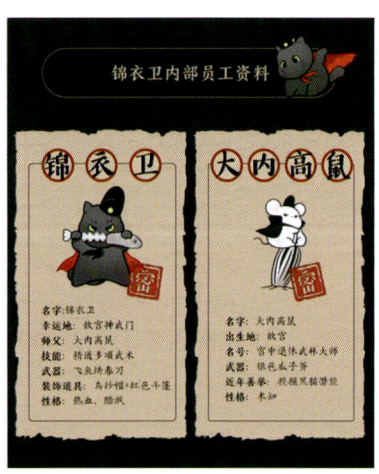

图 2-8　故宫猫锦衣卫盲盒

图 2-9　烟花泡泡机

2.1.5 模拟思维

模拟思维是一种通过建立模型或虚拟场景来模拟现实情况,以便更好地理解和解决问题的思维方法。通过模拟思维,我们可以在安全的环境下测试和验证创意的可行性和有效性,降低实际操作的风险。模拟思维可以帮助我们更好地预测和应对未来可能出现的情况,为创新提供有力支持。但在应用模拟思维时,需要综合考虑各种因素,以确保模拟的有效性和可靠性。通过模拟思维来设计文创产品,不只是对最终呈现结果的模拟,更多的是对产品制作过程中所展现的与设计原型之间的共性特征的模拟。

图 2-10 所示是北京颐和园和晚峰榫卯联名推出的一款以知春亭为原型的榫卯拼搭积木模型。该积木模型在知春亭原尺寸基础上缩小了 70 倍,真实还原知春亭的全部榫卯结构,共 152 块榫卯零件,使消费者在拼搭积木的同时感受中国榫卯的文化魅力。拼搭好的知春亭模型可以作为感应灯使用,这一设计在扩展产品功能的同时增进了产品与消费者之间的交互情感。

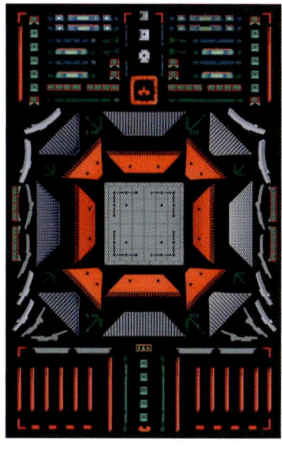

【知春亭榫卯积木】

【中国榫卯文化】

图 2-10 颐和园知春亭实景、知春亭榫卯积木及拆分零件

2.2 文创产品的设计方法

2.2.1 文化元素的提取与重构

1. 文化元素的提取与简化

(1)文化素材的收集及分类。提取文化元素首先要广泛收集文化素材,包括各类文献、艺术品、民俗活动、文物等。收集过程中应注意素材的多样性和代表性,确保后续步骤的顺利进行。收集工作完成后将文化素材分类归纳,可以按照主题、地域、时间等类别进行归纳,以便更好地理解素材间的内在联系和独特性。

(2)文化素材的解读和提炼。我们需要通过对文化素材进行深入分析来解读其含义、背景和象征意义。在充分了解文化素材的基础上,提炼最具代表性和特色的元素。这些元素应能够体现该文化素材的核心价值和主要特点,同时要具有独特性和高辨识度。提炼过程中应注重元素的简洁性和普适性,便于后续简化处理。

(3)文化元素的简化、符号化与图形化。文化元素的简化处理可以通过简化形状、线条和色彩等方式实现,处理时应保留元素的辨识度和文化内涵,切勿过度简化。文化元素通过图形、文字、色彩等多种方式来进行符号化和图形化的表现,突出象征意义和文化内涵,从而更好地传递文化信息。符号化的表达一定要简洁明了,易于理解和记忆。色彩可以传递情感、营造氛围,线条则可以塑造形态和结构。图形化呈现要充分运用色彩和线条,结合现代设计手法和技巧,以形成更具冲击力和表现力的视觉效果。

图 2-11 所示是故宫淘宝推出的君子杯茶具套装,灵感来源于中国传统文化中的花中四君子"梅、兰、竹、菊",4 个杯子代表变换的四季。设计师将"梅、兰、竹、菊"的形象提取并简化为杯子的外型特征,使杯子相互区分又相得益彰。简约的平面图案与青瓷纯净的立体造型相呼应,以花草喻人明心,使人从四季变化中体悟君子意趣,从茶盏看花怡情养性。

图 2-11　君子杯茶具套装

【三兔藻井胸针】

图 2-12　敦煌莫高窟第 407 窟"三兔共耳"与飞天藻井图案、三兔藻井胸针

（4）情境化表达。文化元素应当实现情境化表达，设计师可通过将文化元素与特定的场景、活动或故事结合，使文化的生动性和多样性得到更好的展现。情境化表达包括叙事手法的运用、场景构建等方式，可使文化元素更贴近人们的生活，引发情感共鸣。

图 2-12 所示是甘肃省博物馆根据敦煌莫高窟第 407 窟"三兔共耳"与飞天藻井的图案，设计的一款三兔藻井胸针。此胸针承载了敦煌莫高窟中"三兔共耳"的文化内涵，寓意循环往复、生生不息。

2. 文化元素的解构与重构

首先我们要对文化元素进行深入剖析，拆解各元素，理解元素构成及各部分之间的关系，去除冗余和复杂的部分，提炼元素的本质属性和精神内涵，突出元素的核心特征。我们可以尝试对元素的形状进行切割、拼接、扭曲等处理，创造全新的形状组合；也可以运用夸张、变形、反转等手法，创造新的形态。

这种解构与重构的过程不仅可以展现文化元素的多样性，还可以增强文创产品的视觉冲击力，提升消费者的感知体验。在解构与重构的过程中，我们需要不断提炼文化元素的精华，包括对文化元素的核心价值、独特风格和文化内涵进行深入挖掘和提炼，使产品更好地传达文化元素的精神内涵和价值意义。

图 2-13 所示是故宫淘宝推出的百福图。清代自康熙帝之后，便有"书福"的传统，每年入冬，皇帝都会亲自书写"福"字颁赐王公大臣，寓意天赐福禄。百福

【民间拓印百福图过程】

【故宫百福图】

图 2-13　故宫百福图

图以描金形式模拟"书福"传统，图中汇集了 100 个字体、风格不同的"福"字。故宫博物院馆藏众多，创作者从馆藏文物中提取"百福"元素，充分利用文化元素结构重组的设计方法，创作出百福图。

2.2.2 文化意境的表现与传达

1. 人文意境的表现与传达

人文意境是一种深层的文化体验和精神感受，它主要体现在艺术作品、文学作品及人们对人文精神的感悟中。通过对人文元素（如道德、思想、艺术、历史、哲学、文化等）的深入融合和表现，以及对情感的细腻描绘和表达，可营造浓郁的人文氛围和意境。

在文创产品设计中，人文意境主要体现在产品内涵中。文创产品通过对人性情感和社会现实的贴切比喻和刻画，引发受众的情感共鸣。人文意境不仅是对现实生活的直接反映，而且是对人性、情感和社会现象的深入探索。人文意境体现了设计师对生命的深刻理解和对人文精神的追求，关注人的情感体验和精神追求，使人们在欣赏艺术作品的同时，获得对生活的感悟、对自然的敬畏、对社会的思考，以及对美的追求。人文意境具有时代性、地域性和民族性的特点。不同时代、不同地域、不同民族的人文意境各具特色，反映各自独特的文化背景和价值观念。

图 2-14 所示是国博衍艺推出的喜乐欢年八音盒，以中国国家博物馆馆藏《明宪宗元宵行乐图》为灵感来源，采用 DIY 拼装形式，通过立体交互式八音盒展现行乐图中明宪宗在皇宫庆祝元宵节的场景。八音盒音乐使用的是国风民族音乐《喜洋洋》选段，寓意喜乐幸福。

2. 自然意境的表现与传达

自然意境在中国传统文化中通常指以自然景观为背景，表达人与自然和谐共生理念的艺术境界。它强调对自然美的尊重和追求，通过描绘自然景观等元素，营造宁静、深远、悠然的氛围。自然意境不仅是对自然景观的客观描绘，更是设计师内心情感与自然景观交融的产物。自然意境体现了人们对自然的敬畏和感恩之情，同时表达了人们对和谐、平静生活的向往和追求。

在中国传统文化中，自然意境的营造常常与诗词、绘画、音乐等艺术形式相结合。这些艺术作品通过细腻的笔触、优美的旋律和深邃的内涵，将自然与人的情感融为一体，使人在欣赏的过程中感受自然的魅力，感悟

【《明宪宗元宵行乐图》】

图 2-14　喜乐欢年八音盒

生命的律动，并产生情感共鸣。自然意境的表达不仅提升了人们的生活品质，使人们的内心得到涤荡，而且丰富了艺术创作的内涵，同时增强了人们对自然的保护和珍惜意识。

图 2-15 所示是一款新中式吊灯，采用极简的设计风格。设计师充分利用不同材料的透光效果和叠加效果，将中国传统优雅、宁静的自然意境表现得淋漓尽致。

图 2-15　新中式吊灯

2.2.3 创建文化 IP 与周边产品

1. 文化 IP 的概念与特点

文化 IP 指具有文化价值和商业价值的独特创意、符号、形象、故事等元素,这些元素经过深度挖掘和创意包装,形成具有鲜明个性和广泛影响力的品牌标识。文化 IP 通常具备以下几个特点。

(1)独特性。文化 IP 应具有鲜明的个性和特色,能够区别于其他文化产品,形成独特的品牌形象。

(2)文化内涵。文化 IP 应蕴含丰富的文化内涵,能够体现特定的文化价值观念和审美情趣。

(3)商业价值。文化 IP 应具有隐性或显性的商业价值,能够通过产品开发、市场推广等手段实现经济效益。

2. 周边产品

周边产品指文化 IP 衍生的产品,通常包括服装、饰品、文具、玩具等。周边产品的设计应遵循以下几个原则。

(1)与文化 IP 保持一致。周边产品应与文化 IP 在主题、风格、色彩等方面保持一致,确保与文化 IP 的关联性。

(2)兼具实用性和美观性。周边产品应兼具实用性和美观性,既要满足消费者的实际需求,又具有一定的审美价值。

(3)具有创新性。在保持文化 IP 特色的基础上,周边产品的设计应具备一定的创新性,通过独特的设计元素和表现手法,吸引消费者的关注。

3. 文化 IP 的情感性与故事性

一个成功的文化 IP 及其周边产品应能触动消费者的内心,引发他们的情感共鸣。通过讲述引人入胜的故事、塑造具有人情味的角色形象、传递积极向上的价值观等手段,文化 IP 可以在消费者心中留下深刻的印象。周边产品作为文化 IP 的衍生物,也应承载相应的故事和情感。通过设计故事性图案、引入互动性元素等方式,周边产品可以进一步增强消费者与文化 IP 的情感联系,提高消费者对品牌的忠诚度和认同感。

4. 文化 IP 的意义与价值

文化 IP 通常具有以下意义与价值。

(1)传承与弘扬文化。文化 IP 作为文化的载体,能够传承和弘扬特定的文化价值观念和审美情趣,为文化的传播和发展做出贡献。

(2)促进产业发展。文化 IP 的创建和周边产品的开发,能够带动相关产业的发展,形成产业链和产业群,为经济增长提供动力。

(3)提升品牌竞争力。具有独特内涵的文化 IP,能够提升品牌在市场上的辨识度和竞争力,为企业赢得更多的市场份额和消费者信任。

(4)满足消费者需求。周边产品作为文化 IP 的衍生物,能够满足消费者对文创产品的多样化需求,提升他们的生活品质和审美体验。

通过挖掘和包装具有文化价值的元素,可形成具有独特个性和广泛影响力的品牌标识;通过开发周边产品,可实现商业价值和文化价值的双重提升。创建文化 IP 及周边产品不仅有助于传承和弘扬中华优秀传统文化,促进产业发展,还能提升品牌竞争力,满足消费者需求,同时实现经济效益和社会效益。

5. 创建文化 IP 及周边产品的方法

(1)确定核心 IP。确定核心 IP 包括确定 IP 的主题、风格和目标受众。设计师需专注于一个领域,确保 IP 具有独特的价值和吸引力。同时,设计师应深入了解目标受众的需求和兴趣,以便为他们提供有吸引力的内容。

(2)在创建周边产品时,应注重其与核心 IP 的关联性。周边产品应能够体现核心 IP 的主题和风格,使受众产生情感共鸣。设计师在设计周边产品时应考虑到实用性、美观性和价格等因素,确保周边产品具有市场竞争力。

(3)内容价值是创建文化 IP 与周边产品的关键。设计师需要生产高质量、有价值的内容,以满足目标受众的需求,包括提供有用的信息、解答受众的问题等。同时,设计师应注意从受众的角度出发,关注他们的需求,避免所创作的内容空洞、乏味。

(4)利用有效的平台进行推广十分重要。推广时应选择浏览量较大的平台,如社交平台、短视频平台等,通过发布有趣、有吸引力的内容吸引更多的关注。同时,可以与其他设计师或品牌进行合作,共同推广文化 IP 及周边产品,提升产品的影响力。

(5)执行力和创新力是不可或缺的因素。设计师需要不断尝试新方法和新策略,持续优化文化 IP 及周边产品。同时,设计师应保持对市场的敏感度和洞察力,及时调整策略以适应市场的变化。

在北京故宫博物院里,有一个人见人爱的网红群体"故宫猫"。游客在游览故宫的时候,常常会被它们打动。故宫猫的历史可以追溯到几百年前。从明朝开始，紫禁城就有了一个专门管理猫的机构，名为御猫房。故宫是木制的古建筑群，极易遭到老鼠的破坏，而在御猫的守卫下，鼠患几乎断绝。故宫博物院的经典文化IP就是故宫猫，以故宫猫为主题的文创设计也在不断更新。

图2-16所示是故宫淘宝推出的"向名画致敬"系列故宫猫盲盒，以向馆藏经典画作致敬为主题，将故宫猫与故宫文物完美结合，受到众多消费者的喜爱。

2.2.4 满足情感需求的互动体验

1. 消费者情感需求的多样化趋势

消费者的情感需求是多层次、多元化的概念，涉及多个方面。在购买和消费产品的过程中，消费者不仅仅追求产品的实用功能，还期望通过购买行为满足自身情感的需求。消费者的情感需求通常包括以下几个方面。

（1）安全感。消费者希望购买的产品或服务给予他们安全感，这种安全感既涉及产品的安全性、质量可靠性，又涉及售后服务。消费者不希望买到可能对自己或家人造成伤害的产品，期望在遇到问题时得到及时、有效的反馈。

（2）归属感。消费者希望购买的产品或服务反映自己的身份和价值观，使他们产生属于某个特定群体或阶层的感觉。这种归属感可以来自品牌定位、产品设计风格，或是产品所代表的文化内涵。产品或服务如果能与消费者的身份、价值观或文化背景相契合，就能满足他们的归属感需求。例如，某些品牌会强调特定的生活方式或价值观，吸引具有相同理念的消费者。

（3）尊重感。消费者渴望在购买和使用产品或服务的过程中得到尊重，包括被销售人员礼貌对待、得到专业建议和个性化服务。消费者在购买和使用产品时，希望产品体现自己的品味和地位，从而获得他人的尊重和认可。这种尊重感可以来自产品的独特性、奢华感，或是产品所代表的社会地位。

（4）愉悦感。消费者在购买和使用产品或服务的过程中，追求愉悦感。这种愉悦感来自舒适的购物环境、产品有吸引力的外观、产品便捷的使用过程，以及产品带来的心理满足感。当产品或服务带给消费者积极的情感体验时，就能满足他们的愉悦感需求。

（5）好奇心与探索欲。某些消费者热衷尝试新事物，追求独特体验。他们喜欢购买具有创新设计、新颖功能或独特文化元素的产品，以满足自己的好奇心和探索欲。他们渴望获得新的购物体验，追求与众不同的产品，以满足自己追求新奇的心理需求。

（6）成就感。购买和使用产品或服务可能会使消费者产生成就感，这是因为消费者可以通过使用具有挑战性的产品证明自己的技能水平。

【故宫博物院"向名画致敬"系列故宫猫盲盒】

【故宫博物院其他故宫猫主题盲盒】

图2-16 "向名画致敬"系列故宫猫盲盒

（7）自我实现。消费者可以通过购买和使用产品或服务展示自己的个性、品味和成就。当产品或服务能够帮助消费者实现自我表达、提升形象或满足某种特定需求时，就能给予他们自我实现感。消费者希望通过购买和使用产品或服务实现自身价值或追求个人目标。例如，消费者会通过购买健身器材来保持身材、通过购买学习资料来提升自身能力等，这些都是追求自我实现感的体现。

党的二十大报告提出："繁荣发展文化事业和文化产业。坚持以人民为中心的创作导向，推出更多增强人民精神力量的优秀作品……"文创产品设计应当以消费者为中心，满足消费者的情感需求。

2. 互动体验的多种载体及形式

文创产品的互动体验形式多样，旨在通过丰富的互动方式增强消费者的参与感和体验感，从而提升产品的吸引力和市场价值。文创产品的互动体验形式主要有以下几种。

（1）DIY。DIY是一种深受消费者喜爱的互动体验形式。消费者亲自动手制作文创产品，不仅能够感受到创作的乐趣，还能增强对产品的认同感。例如，一些文创品牌会推出陶艺、刺绣、木工等DIY课程，让消费者在制作过程中深入了解产品的文化内涵。

（2）虚拟现实体验。虚拟现实技术为文创产品的互动体验提供了全新的可能。通过穿戴VR设备，消费者可以沉浸式体验虚拟的文化场景，与虚拟的文物、人物进行互动，从而获得身临其境的体验。这种互动体验形式不仅能够满足消费者对新鲜事物的需求，而且能加深消费者对文化的理解和感受。

（3）在线互动社区。在线互动社区是文创产品互动体验的重要平台。品牌通过建立官方社交媒体账号或网站，可以与消费者进行实时互动，分享产品资讯、文化故事和创作心得。消费者也可以在社区中交流心得、分享作品，形成良好的互动氛围。这种互动体验形式有助于增强品牌的用户黏性，促进产品的推广。

（4）感官体验设计。感官体验设计是指通过刺激消费者的视觉、听觉、触觉等，营造独特的文化氛围和情感体验。在文创产品设计中，设计师可以充分运用色彩、材质、声音等元素，为消费者带来具有吸引力和感染力的感官体验。例如，一些文创品牌会采用独特的包装设计和气味设计，让消费者在打开产品包装的瞬间感受到浓郁的文化气息。

图2-17所示是谢馥春和圆明园限量联名款四时文创香包的包装，该包装设计结合了四季主题和圆明园景致，各具特色的镂空花窗造型使香味微散，尽显香包古色古香的文化特色。

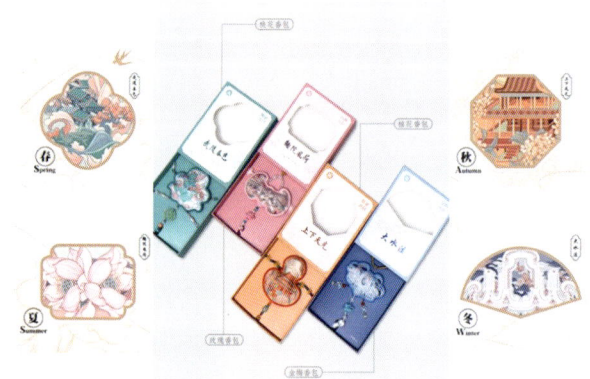

图2-17 谢馥春和圆明园限量联名款四时文创香包的包装

（5）行为参与式互动。行为参与式互动指让消费者参与产品的设计、生产或推广过程，给予他们参与感和成就感。例如，一些文创品牌会举办主题展览、文化讲座等活动，也会邀请消费者参与产品设计大赛，通过互动的方式让消费者深入了解产品的文化内涵和品牌价值，同时激发消费者的创造力和购买积极性，为品牌带来更多的灵感和效益。

（6）文化创意市集。文化创意市集是文创产品互动体验的重要场所。通过市集的形式，品牌可以集中展示和推广自己的文创产品，吸引消费者的注意。市集也是消费者与品牌、产品互动的重要平台，消费者可以在市集购买心仪的产品，与其他消费者交流心得，感受浓厚的文化氛围。图2-18所示是第十届"丰·创"戏曲主题文创市集展出的文创产品，广大消费者可以在市集中沉浸式感受传统文化的魅力。

文创产品的互动体验形式多种多样，每种形式都有其特点和优势。品牌可以根据自身的定位和目标消费群体的需求，选择合适的互动体验形式，打造独具特色的文创产品。

图2-18 文创市集展出的文创产品

【茅小凌酒心巧克力广告】

图2-19 茅台冰激凌和茅小凌酒心巧克力

2.2.5 跨界融合与创新

1. 跨界融合的概念与意义

跨界融合指不同领域、不同行业之间的资源整合，通过合作与交流创新，实现资源的共享和优势互补。跨界融合可以带来创意的碰撞与融合，催生更具创新性和独特性的产品。在文化创意产业中，跨界融合可以是不同艺术领域之间的合作，也可以是艺术与科技、旅游、体育等其他领域的合作。跨界融合为设计提供了更加广阔的创作空间，也使消费者获得更丰富的艺术体验，有助于推动不同领域之间的交流与合作，为企业带来更多合作伙伴，扩大合作范围，提高企业的整体竞争力，也为文化产业和其他产业发展注入活力。

2. 跨界融合的新模式

随着文化创意产业的快速发展，文创产品的创新模式涌现。跨界融合不仅能够打破行业壁垒，实现资源共享和优势互补，还能为文创产品注入新的创意和价值，推动文创产业的转型和升级。

（1）跨界品牌合作。

跨界品牌合作是文创产品跨界融合的重要方式。文创产品与其他领域的知名品牌合作，可以借助其他品牌的知名度和影响力，提升自身的市场知名度和品牌价值。合作双方可以共同开发联名款产品或推出特别版产品，以满足消费者的个性化需求，并创造更多的商业机会。

图2-19所示是茅台与蒙牛联名出品的茅台冰激凌，以及茅台与德芙联名出品的茅小凌酒心巧克力。茅台的联名产品迎合了现代年轻人的喜好，既推动品牌年轻化发展，又提升品牌的价值高度。通过跨界融合，茅台实现了业绩提升，也带来了更多就业机会。

（2）技术创新。

党的二十大报告提出："必须坚持科技是第一生产力、人才是第一资源、创新是第一动力，深入实施科教兴国战略、人才强国战略、创新驱动发展战略，开辟发展新领域新赛道，不断塑造发展新动能新优势。""加快发展数字经济，促进数字经济和实体经济深度融合，打造具有国际竞争力的数字产业集群。优化基础设施布局、结构、功能和系统集成，构建现代化基础设施体系。"

技术创新是文创产品跨界融合的重要驱动力。通过技术创新，可以打造具有互动性和趣味性的文创产品，提升消费者的体验感和参与度。虚拟与现实结合是文创产品跨界融合的一种创新形式。借助虚拟现实技术，可以将传统文化、历史遗迹等元素以全新的方式呈现在消费者面前，为消费者带来沉浸式体验。应用新材料或新技术，可以创造独特的产品质感。比如，将传统纺织技术与现代的高分子材料结合，或者将传统手工艺与现代3D打印技术结合，都可以为文创产品带来新颖的外观。

图 2-20 所示是萌猫摸鱼磁吸悬浮感应小夜灯，设计灵感来源于大英博物馆的馆藏盖亚·安德森猫雕像，设计师创新使用磁悬浮技术，设计了这款可爱的小夜灯。

（3）多元化流行元素融合。

在互联网时代，将多元化流行元素融入现代时尚、文化和艺术创作领域是重要的创意方法。比如，服装设计师会将不同文化元素融合，创造出独特的时尚风格。这种融合不仅出现在服装设计领域，还出现在美妆、家居和美食等多个领域。

"新中式"家具将传统与现代元素结合，成为室内设计的热门风格。设计师可以从舞蹈、音乐、绘画、雕塑等不同的艺术领域，提取当下流行的色彩、图案、风格、主题等元素，将其融入文创产品的设计中。

图 2-21 所示是泡泡玛特出品的夜之城系列手办盲盒，这套盲盒采用赛博朋克风格，融合了多种流行元素。

【萌猫摸鱼磁吸悬浮感应小夜灯】

图 2-20 萌猫摸鱼磁吸悬浮感应小夜灯

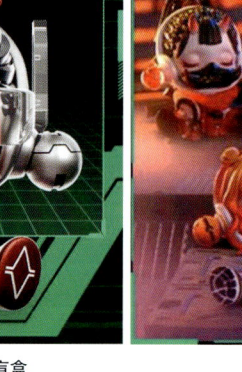

图 2-21 泡泡玛特夜之城系列手办盲盒

【泡泡玛特夜之城系列手办盲盒】

习 题

一、简答题

1. 文创产品的创意思维方法都有哪些？
2. 创建文化 IP 与周边产品的意义与作用是什么，请举例说明。
3. 文化意境的表现与传达分为哪两种类型？
4. 消费者情感需求与产品体验的关系是什么？

二、思考题

为什么说跨界融合是文创产品设计的新模式？跨界融合的意义和作用是什么？

第 3 章
文创产品设计的基本流程

教学目标

(1) 了解并掌握文创产品市场调研。
(2) 了解并掌握文创产品用户分析。
(3) 了解并掌握文创产品设计定位。
(4) 掌握并应用文创产品设计实施。

【本章教学框架】

教学要求

知识要点	能力要求	相关知识
文创产品市场调研	(1) 了解文创产品市场调研分类 (2) 掌握文创产品市场调研方法	市场调研
文创产品用户分析与画像	(1) 了解文创产品用户研究 (2) 掌握文创产品用户需求分析方法	用户分析
文创产品设计定位与头脑风暴	(1) 掌握文创产品设计定位 (2) 掌握文创产品头脑风暴	设计定位
文创产品设计实施	(1) 掌握文创产品设计方法 (2) 掌握文创产品设计表现	设计实施

推荐阅读资料

（1）马建英.旅游文创产品的设计与开发［J］.包装工程，2023，44（4）：332-335.

（2）代蕾.新时代背景下文创产品设计的创新探索［J］.包装工程，2023，44（10）：320-323.

（3）赵卫东，胡伟专，张玉典，等.当代语境下中华传统文化符号在文创产品中的多维转译探析［J］.包装工程，2024，45（4）：362-370，457.

基本概念

在文创产品设计的基本流程中，市场调研扮演着至关重要的角色。市场调研有助于设计师明确目标消费群体，通过研究目标消费群体的行为特征和心理特征，设计出更贴合其实际需求的产品。文创产品设计应注重产品的亲和力、普适性、品质和人文关怀等，设计师只有深入理解产品的核心元素和材料特性，才能创造出具有吸引力和实用性的产品。

引例：文创应以文促创、以创彰文

冬奥会期间，吉祥物"冰墩墩"走红网络，一"墩"难求；金沙遗址博物馆4款"数字文创产品"上架即售空……文创产品走俏市场，折射出人们日益高涨的文化消费热情，也显示出文创产业的广阔发展前景。

文创产品为什么会受到欢迎？透过文创产品，有人感慨于历史场景的创意呈现，在培育运河出土的小麦盆栽时，体验种植谷物的过程；有人惊叹于多重感官的奇妙联结，在品尝文创雪糕时，咀嚼出时令与文化的滋味。无论玩偶、日历、挂件等日常器物，还是新技术新应用呈现的多元场景，优秀的文创产品都凝结着审美特质与价值理念，走进大众日常生活。

文创产品，重"形"也需重"意"，更进一步说，要以"意"取胜。文化资源与制造工业的双向赋能，让文创产品的涌现成为可能。也要看到，文创产品市场上依然存在内容粗糙化、形式同质化的不良现象。文创产品应如何脱颖而出、形成差异化竞争优势？聚焦优势资源、精准打造IP、完成创意呈现，或是破局之道。

以《千里江山图》为例，近些年，从故宫博物院研发的镇纸、茶宠等系列周边到"画游千里江山——故宫沉浸艺术展"，从歌曲《丹青千里》到舞蹈诗剧《只此青绿》……通过品类纷呈的文化产品，《千里江山图》走进了广阔的公众视域。

优秀的文创产品，应是中国故事的生动讲述、文化内涵的艺术呈现与社会价值观的准确传递。文创之所以广受年轻人欢迎，一方面是由于它千变万化的外在形式与打开方式符合受众多元的审美诉求与消费心理，另一方面则在于它饱含诗词酬唱、艺术珍品等人文元素。手抚"李太白邀月夜灯"，一轮唐时明月便皓然当空；轻摇"蜀国孔明羽扇"，三国英雄故事便重现眼前……优秀的文创产品，不仅能让公众在潜移默化中深入感知历史、品读文化，还能唤起集体记忆，凝聚情感共识。

"文创"二字，"文"居词首，"创"随其后。唯有以文促创、以创彰文，才能让文创产品不落贴标签、仿形式的窠臼，脱离形式化、同质化的桎梏。如此，文创市场才能发展得更好。

3.1 文创产品市场调研

市场调研在文创产品设计和制作过程中扮演着重要的角色。文创产业作为高附加值产业，尤其需要重视市场调研，以适应市场需求并吸引消费者。在推出文创产品前，需要对特定消费人群进行调研，深入分析其性别、年龄层次和经济能力等特征。由于文创产品具有高度的文化性、艺术性和纪念性，因此更需要深入的市场调研，以把握设计中最具表现力的元素，同时获取政治、经济、历史、文化和艺术等多方面的信息。

3.1.1 文创产品市场调研分类

市场调研在文创产品设计与开发中起着至关重要的作用，它构建了市场、企业与产品之间的互动基础。通过深入研究市场信息和分析产品定位，设计师可以精准把握潜在消费群体的需求、购买力和购买动机，从而确保设计符合市场趋势和消费者期望。在文创产品的市场调研中，科学的方法能帮助我们系统地收集、整理与产品销售相关的信息，为预测和营销决策提供客观、准确的数据支持。设计项目的成功不仅依赖对社会和市场需求的深刻理解，更基于以人为本的设计理念。市场调研能够为设计项目提供明确方向，保证设计方案的精确性和有效性。只有在真实可靠的市场调研基础上，设计定位才能准确，解决方案才能符合市场需求。对文创产品项目而言，市场调研还需特别关注国家政策、工艺技法和文化背景等信息，以确保设计能够深刻反映文化价值并展现创新精神。市场调研分类如图 3-1 所示。

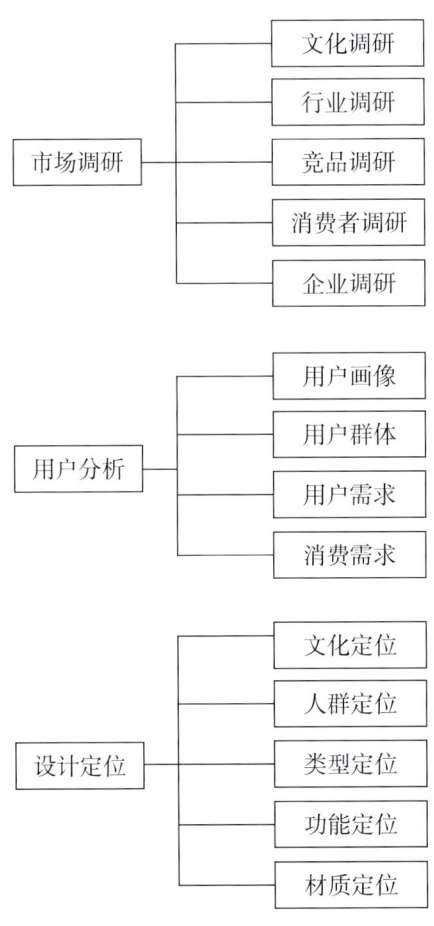

图 3-1　市场调研分类

1. 文化调研

文化调研是文创产品设计的基础阶段，设计师需要深入研究特定文化背景，从中挖掘和提取具有设计潜力的文化元素。文化调研的核心目标是寻找能够激发设计灵感的文化元素，并从大量信息中筛选感兴趣的内容。例如，在特色文化主题的文创产品设计项目中，学生们通过对文化背景的深入研究，发现并运用独特的文化元素。

2. 行业调研

在进行文创产品设计之前，行业调研是必不可少的步骤，它包括对企业所属行业、产品特性及市场环境等多个方面的考察。行业调研的目的是明确行业发展趋势和确定文创产品设计的方向。此过程涉及对行业需求的深入调研，有助于了解市场的需求动态，如主流产品特性、目标消费群体、有效的推广媒介和销售渠道等，这些因素对制定市场策略和确定设计方向有着直接影响。同时，行业调研致力于分析市场供需的变化情况，有助于正确评估市场对文创产品的影响，确保企业制定恰当的经营战略，提升经济效益。

3. 竞品调研

竞品调研为文创产品设计提供了重要的信息参考。这一过程涉及分析竞品的创意和特点，既能为设计师提供灵感，又能帮助他们发现竞品的优势，从而提高设计品质。竞品调研通常涵盖两类竞品：直接竞品和间接竞品。直接竞品调研的重点在于参考竞品的外观、功能和交互形式等。例如，在文具类文创设计中，产品的独特外观和功能是吸引消费者的关键，设计师可以将图钉的端头设计成不同的形态，创造多种独特的仿生造型。间接竞品虽在功能上有所区别，但由于目标消费群体存在相似性，它们在文创产品设计中同样具有参考价值。通过参考间接竞品，设计师可以丰富文创产品的形式，更好地满足市场需求。如图 3-2 所示，陕西历史博物馆的唐妞主题系列文创产品将唐代仕女转化为可爱的形象，满足了消费者对唐文化的认知需求。竞品调研为设计师提供了广阔的选择空间，丰富了文创产品的形式，满足了市场的多元需求。

图 3-2　唐妞

4. 消费者调研

消费者调研对文创产品设计至关重要，涉及消费群体、消费需求、消费能力、消费心理和消费行为等方面。消费群体研究涉及性别、年龄、职业等因素，有助于识别不同群体的需求；消费需求研究揭示消费者对产品的期望，有助于发现消费者的潜在需求；消费能力研究关注消费者的购买力，指导分层次的产品设计；消费心理研究帮助理解消费者对产品的认知和兴趣点；消费行为研究揭示消费者的购买模式和偏好，对产品设计和营销具有指导意义。这些调研内容综合决定了文创产品的主题、风格、内容、形式和传播策略，为创造满足市场和消费者需求的文创产品提供了全面的参考。

5. 企业调研

企业调研在文创产品设计中发挥着基础性作用，要求设计立足于企业实际，充分考虑资金、企业优势及企业文化等要素。企业调研主要涵盖4个方面的内容：首先是工作目标的设定，重在分析产品定位和市场预设目标，明确企业文创产品设计的具体目标，为实施策略提供方向；其次是支持条件评估，涉及资金、人力、技术等关键因素的评估，确保文创产品设计得到充足支持；再次是企业优势与劣势分析，文创产品设计应利用企业优势，同时改善短板，增强文创产品的市场竞争力；最后是竞争环境分析，文创产品设计需要识别并利用机遇，积极应对市场竞争和挑战。

3.1.2 文创产品市场调研方法

市场调研是设计人员提出问题和解决问题的关键方法，也是产品开发设计的核心环节。为保证调研工作的顺利进行，需要制订详细的调研计划、明确调研对象和调研范围，并设计合适的调研问题。调研方法多种多样，可以根据调研重点进行分类。设计团队通常会综合运用多种调研方法，确保市场调查和资料搜集的完整性和科学性。常用的调研方法包括问卷法、观察法、查阅法和访谈法，而调查方式通常包括抽样调查、情报资料调查、访问调查和问卷调查。这些方法的综合应用有助于优化产品设计，确保产品契合市场需求。

1. 问卷调研法

问卷调研法是常用的定量研究方法，帮助调研人员了解情况和征询意见。问卷通常包含开放式和封闭式问题，要求调研对象选择、判断或书面回答。设计问卷时应考虑调研对象的心理情绪，避免问题的设置顺序引起不适；了解调研对象对问卷的理解能力，确保问题设置合理。此外，问卷的层级和逻辑也很重要，应避免调研对象单一，以获取多样的需求数据。总的来说，问卷调研法是一种经济、高效的数据收集方法，适用于大规模调查。

（1）问卷调研的分类。

问卷调研根据传递方式可分为面谈调研、电话调研、反馈调研和网络调研等。面谈调研通常以小组形式在文创产品专卖店进行，可以使调研人员直接听取调研对象的意见，深入了解产品信息，并提高问卷回收率，但成本较高且涉及人员较多。电话调研成本较低、效率高，适合快速收集调研对象意见，但访谈时间短，需设计精简的问卷。反馈调研伴随产品销售进行，问卷回收率高但受限于调研人数和范围。网络调研则通过在线平台进行，具有制作简便、成本低、统计方便、覆盖面广等优势，如问卷星平台，可生成问卷并自动分析结果。移动终端网络调研因智能设备普及而兴起，调研对象可不受时间和地点限制参与调研，调研人员需简化问卷以提升参与率。社交媒体作为信息交流平台，在产品市场调研中扮演重要角色，不仅能帮助企业了解客户需求，还能直接获取产品改进的宝贵意见。

（2）调研问卷的设计步骤。

文创产品调研问卷的设计是一个综合且系统的过程，调研人员应确保问卷准确、科学、规范、可行。文创产品问卷设计过程涉及多个步骤，可能因调研人员的不同而有所差异，但基本顺序不变。具体要求包括确定问题的回答形式和准确用词，确保问题表述清晰且易于理解；问卷的排版应清晰、合理，便于调研对象填写；问卷设计完成后，需进行内部评估并获得相关部门的批准；接下来是预测试和修订阶段，这是问卷内容的优化阶段；最后，调研人员可进行问卷的最终编排并实施调研。整个过程中，与项目相关的各方合作和持续优化是关键，帮助确保问卷设计有效满足调研目标和需求。问卷设计过程图如图3-3所示

（3）调研问卷的设计要点。

在设计文创产品调研问卷时，需要关注以下方面。首先，问卷内容应紧扣调研主题，充分考虑调研对象的身份和心理状态，避免出现不合适的问题。设计问题时应避免复杂、生僻的内容，避免使用英文缩写，确保调研对象理解问题内容。问题的排列应逻辑清晰，问题设

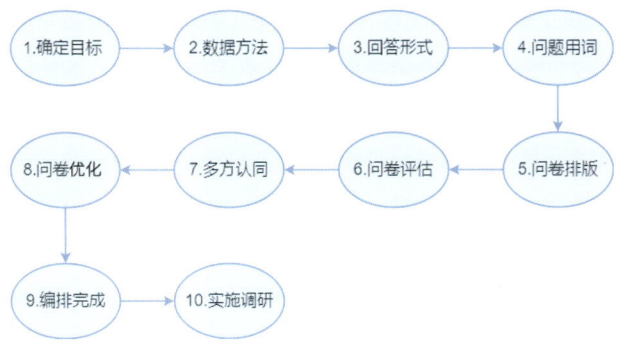

图 3-3 问卷设计过程图

置应以易于回答的选择题为主。问题应具体、简洁，避免产生歧义。问题用词应贴近调研对象的阅读习惯，保证准确、规范，避免冒犯特定群体。问卷设计还应便于数据录入和统计。

问卷应包含以下几个关键要素，以便于调研对象理解和作答。标题需直接体现调查主题和目的，友好、礼貌的问候语和填写说明有利于引导调研对象作答。问卷的核心部分包含所有调查问题，由题干、选项和指导语构成。问卷应包含调研人员的身份信息，便于后续管理和查询，还需收集调研对象的背景信息，如性别和年龄，以便于更好地分析数据。最后，问卷末尾应设置结束语或致谢语，感谢调研对象的参与和支持。

2. 文献资料调研法

文献资料调研法是一种通过综合查阅各类文献资料来深入理解和分析调研对象的方法。这种方法要求广泛查阅网络资源和论文、专著、期刊、报纸，以确保信息的全面性和准确性。在文创产品的开发中，文献资料调研法关注政府工作报告、扶持政策、文化文献和专利信息，可避免文创产品侵权，深化消费者对产品文化内涵的理解，并开拓销售渠道。文献资料调研法的实施是一个有计划、有目的的过程，包括明确的调研目的、调研对象、调研内容及调研时间，旨在结合理论与实践，解决特定问题。

（1）文献资料调研法的优点。

文献资料调研法作为一种研究手段，拥有诸多显著的优势。首先，它突破了时间和空间的限制，使得研究人员能够广泛地搜集和研究国内外不同时期的各类文献资料，从而全面了解社会各方面的情况。其次，作为一种基于书面材料的研究方法，文献资料调研法提供的信息更为准确、可靠，相较口头调查，文献资料调研法大幅降低了记录错误的可能性。此外，文献资料调研法作为一种被动的、非干预性的调研方法，仅限于对文献资料的分析，不涉及与调研对象的直接互动，因而有效避免了直接调查中可能出现的反应性误差。此外，文献资料调研法具有操作方便、自由度高、安全的特点，受外部环境变化影响较小，且在发现错误时容易修正。文献资料调研法具有节约时间、低成本和高效率的优点，依托于现有研究成果，不需要投入大量人力资源或特殊设备，能够有效地以较低成本获取广泛、全面的信息。

（2）文献资料调研法的设计步骤。

文献资料调研法在文创产品设计中是一种关键的信息收集与分析方法，其操作流程包括以下6个步骤。第一步是明确调研目标，根据文创产品设计中可能面临的问题，确定设计项目的主题、目标受众、市场需求、文化元素等。明确这些内容有助于后续文献资料的有效搜索和筛选。第二步是选择信息来源，根据所需信息的特性选择适当的搜寻渠道，包括从互联网、图书馆、数据库、专业期刊、报纸、政府工作报告等多个渠道收集资料。第三步，对搜集到的资料进行详细的评估和筛选，以确保资料的相关性和准确性。排除那些不可靠或与调研目标不相关的信息，仅保留最有价值且相关性最强的资料进行后续分析。第四步，对筛选后的文献资料进行深入分析，提取对文创产品设计有启发和指导意义的信息，包括文化元素的内涵、市场趋势、用户需求、设计理念等内容。第五步，将分析得到的信息进行整合，形成对文创产品设计有指导意义的知识体系，这一步需要将不同来源和形式的信息整合起来，使之形成全面、系统的设计依据。第六步，将整个调研过程和结果整理成文档，并撰写调研报告。文献资料调研法的步骤如图 3-4 所示。

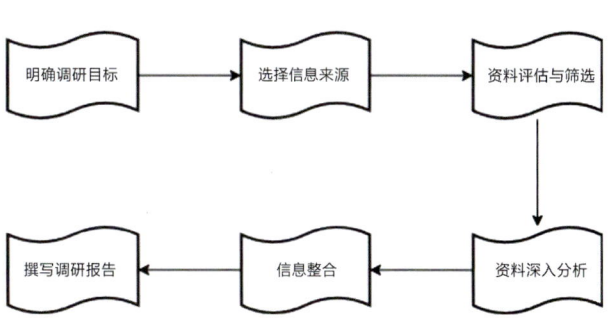

图 3-4 文献资料调研法的步骤

3. 观察法

观察法作为一种文创产品调研方法，侧重于将调研对象置于实际购买环境或使用环境中，通过直接观察其行为和反应来收集信息。这种调研方法适用于电子类或机械类文创产品，特别是在小范围试销时，能有效揭示产品的实际使用情况和调研对象的反应。观察法既可以在实验室环境中实施，又可以现场实施，后者能更真实地反映产品的使用情况。观察法的主要优势在于其直接性和真实性，有助于深入了解调研对象的行为、态度和偏好，从而为产品设计提供宝贵的改进指导。

（1）观察法的分类。

观察法在市场调研中有多种分类，包括直接观察法、亲身经历法、痕迹观察法和行为观察法。

直接观察法是一种单向调查方法，分为单向观察和双向观察。单向观察通常使用单向镜等设备，适合观察特定场景中的行为，如观察调研对象对文创产品的使用习惯，识别问题点。而双向观察，是通过分析调研对象行动路线了解其兴趣点，为文创产品设计提供针对性指导。

亲身经历法强调调研人员通过直接参与相关活动来收集数据，如员工以普通顾客身份购买产品，以获得真实的购买体验。这种调研方法为综合评估产品和服务质量提供了宝贵的第一手资料。

痕迹观察法通过分析调研对象留下的各种痕迹来了解其行为和需求，既包括产品使用后的物理痕迹（如磨损、污渍等），又包括社交媒体浏览记录等非物理痕迹，帮助调研对象深入理解调研对象行为，为文创产品设计提供精准的改良依据。

行为观察法则通过音频、视频等记录调研对象行为，避免直接交流影响调研结果。这种调研方法在主题文创产品设计中尤为重要，设计人员可以实地观察调研对象的行为，记录其兴趣点，获得定位和改进产品设计的可靠依据。

（2）观察法的优缺点。

观察法作为一种主要的调研手段，通常由调研人员单方面进行，尤其在非参与观察阶段，不涉及直接的语言交流，因此特别适用于不需要语言沟通的市场现象调研，能够有效排除语言的干扰。此外，观察法操作简便、灵活，可在多种场合实施，是一种高效且普遍适用的调研手段。

然而，观察法也存在局限。观察法的主要缺点在于只能记录事件的表面现象，难以深入探究其背后的原因。同时，观察法常需要大量观察人员长时间在现场工作，调研周期长、成本高。由于时间、空间和经费的限制，观察法更适合小规模的微观市场调研。实施观察法对调研人员要求较高，需要其具备敏锐的观察力、良好的记忆力、基本的心理学和社会学知识，以及现代化设备的操作能力。因此，在应用观察法时，需综合考虑这些因素，以确保调研的有效性。

（3）观察法的注意点。

在应用观察法进行市场调研和文创产品设计时，需要特别注意以下几点。

① 观察对象应具有多样性。不仅要关注有经验的用户，还应关注新手或无经验的用户，以全面了解不同群体在使用产品时的行为模式，从而确保设计能够满足多样化的用户需求。

② 识别设计影响因素。调研人员需要细致观察产品的设计元素对用户体验的影响，包括布局、材料和功能等，识别哪些元素提升了产品使用效率和舒适度，哪些元素可能带来困扰或不便。

③ 深入分析用户行为。深入观察和分析用户的使用习惯、偏好和互动方式，获知潜在的设计改进点，以更好地满足用户需求。

④ 识别不适因素。关注使用过程中可能出现的使人受伤或操作失误的不适因素，对于复杂操作或需要长时间使用的产品，更要重点关注，这有助于提升产品的安全性和舒适性。

4. 分类比较法

分类比较法对文化的物质或意识形态进行分类，并比较其相似或不同之处以得出结论。以拙政园花窗为例，调研人员通过将其与颐和园的花窗作比较，揭示了私家园林与皇家园林在风格上的巨大差异。私家园林布局自由、园内建筑朴素而清秀，多运用借景等造园手法；而皇家园林则呈现宏丽之势，多采用对称布局等造园手法。拙政园的花窗各具特色，如空窗，又称"月洞"，随观察角度变化呈现不同景象，提供了无限的想象空间。随着时间的推移，月洞的形式也会发生变化。此外，湖窗题材内容丰富，制作技术要求高，如狮子林内的四雅漏窗展示的琴棋书画"四雅"意象，不仅具有文化艺术价值，还可以为文创产品设计提供灵感。分类比较法不仅有助于文创产品设计风格的定位，还有助于设计人员寻找独特的文化元素，创造独特的文创产品。（图3-5）

图3-5 苏窗观景书签

5. 访问法

访问法，也称为询问法，是一种常用的市场调研方法，调研人员通过访谈和询问获取信息。这种方法包括多种形式，如面对面访谈、电话询问、书面询问和在线调查。访谈本身可分为正式访谈与非正式访谈、个别访谈与小组座谈等多种形式。通常，进行访谈的理想地点是调研对象的工作地点或家中，这有助于调研对象更自然地讨论他们的活动。问题设计在访谈中非常关键，好的问题能够获取关键且真实的信息，并鼓励调研对象积极参与。在访谈过程中，调研人员通常承担倾听者角色，调研对象则承担谈话者角色，倾听者和谈话者的角色可能互换。调研人员可以针对特定调研对象提出问题，并根据回答进行分析和评估，以获得有价值的信息。

6. 网络调查法

网络调查法是一种通过互联网执行的调研方法，涉及调研设计、数据收集和分析等多个步骤。它主要分为两种形式：原始资料调查和二手资料调查。原始资料调查直接从调研对象那里获取数据，常见的形式包括在线问卷和网络访谈。二手资料调查则侧重于分析和利用网络上已有的数据，如社交媒体评论和论坛讨论。网络调查的优势在于其快速、广泛的信息收集能力，但也需注意数据的准确性、可靠性和隐私保护问题。这种调研方法适用于需要迅速获取大量信息的场景，但必须确保数据来源的合法性和有效性。

7. 个案调研法

个案调研法是一种针对特定问题的调研方法，具有较强的目的性和针对性。例如，它可以专注于文创产品的特定方面，如颜色选择、材料选用、特色表现、纪念

价值和收藏价值的体现，以及用户满意度等。这种调研方法通常被应用于文创产品的改良性设计中，旨在解决具体问题，提升产品的整体质量和市场表现。

在设计文创产品的过程中，调研工作通常涉及多种方法的综合应用。调研人员会结合使用问卷调查、访谈、观察、文献资料搜集、走访相关机构和地点等多种方式，以获取全面的信息。此外，亲身体验当地文化、深入了解当地风俗、实地观察自然和人文景观也极为重要。基于这些感性认识，调研人员会对收集到的材料进行整理和分析，形成理性的认知，从而有效地支持后续的设计工作。

3.2 文创产品用户分析与画像

3.2.1 文创产品用户研究

文创产品用户研究的核心在于深入理解用户行为，目的是确保文创产品满足用户需求。这涉及分析用户购买动机、需求和偏好，为新产品开发、定价、开辟分销渠道和制定促销策略提供依据。用户研究帮助设计师明确目标用户群。设计师通过研究用户的行为特性和心理特征，使产品设计更贴合用户的实际需求。传统用户分析如问卷调查受限于被动数据收集，而互联网可提供更真实的主动行为数据，帮助实现对用户行为的精准解读。用户研究使设计师节省时间和资源，创造更符合用户需求的产品。有深度的用户研究是设计文创产品的关键。（图3-6）

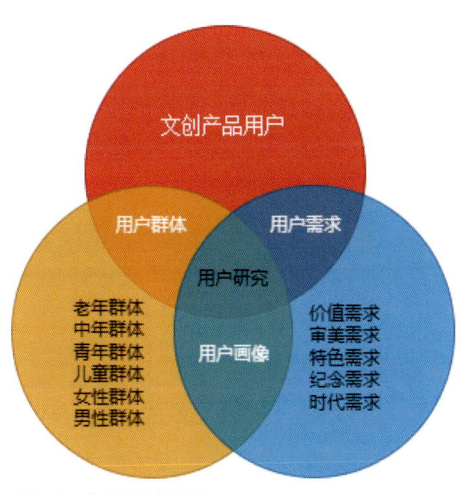

图3-6 文创产品用户研究

1. 文创产品用户定义

在文创产品设计领域，"用户"专指直接使用文创产品的个人或群体。对设计师而言，深入理解用户的需求和使用体验十分重要。需要明确的是，"用户"与"客户"有所区别。从设计师角度看，客户包括两种身份：一是委托文创产品设计的个人或组织，即文创产品制造者；二是文创产品的销售对象，可能是中间商或用户。对设计师来说，用户的需求是核心关注点，而在市场层面，客户的需求是核心关注点。因此，在设计实践中，设计师应以用户为中心，兼顾客户需求，实现各方需求平衡。这种以用户为中心的设计理念有助于创造出既满足市场需求又深受用户喜爱的文创产品。

2. 文创产品用户群体

文创产品的用户群体呈现多样化特征，可分为文化爱好者、游客、年轻人与潮流引领者、企事业单位，以及学生和教育工作者。文化爱好者被文创产品独特的设计和深厚文化内涵吸引，寻求审美和文化体验。对于游客，文创产品因具有特定地域文化内涵，而成为受欢迎的纪念品或礼物。年轻人和潮流引领者偏爱具有创新设计和时尚元素的产品，以展示个性和品味。企事业单位采购这些文创产品作为礼物或宣传品，以展示企业形象并传播企业文化。学生和教育工作者则青睐那些具有教育意义的创意文具和玩具，因为它们既实用又能激发学习兴趣。了解用户群体对文创产品设计极为重要，能够帮助设计师创造出符合市场需求的产品。

3. 文创产品用户画像

用户画像在文创产品设计中起着重要作用，它基于真实数据构建，全面反映了目标用户的特征。用户画像聚焦用户的行为和动机，避免了基于设计师个人偏好的产品开发。用户画像的构建遵循3个原则：人口统计属性、信用信息和定性数据。构建用户画像的核心任务是通过分析用户信息，提取用户的关键特征，精准定位产品与服务。构建方法融合了调研、定量和定性分析，通过用户访谈创建代表性用户画像，再通过定量研究进行验证和细化。用户画像的建立利用分类整理和图示化方法，使用户类型清晰化，为文创产品设计和服务提供指导。

（1）文创产品用户画像内容。

用户画像的构建是一个综合性的过程，涵盖多个类型模块，包括人口统计、行为特征和社会属性等方面。人口统计信息包含年龄、性别、收入、教育水平、居住区域、婚姻状况和职业等信息，行为特征则偏重用户的活跃度和忠诚度等指标。此外，针对不同的行业和产品需求，用户画像还包括用户的兴趣爱好、社交网络、购物偏好等方面。例如，阅读网站更注重用户对不同内容类型的偏好，社交网站则专注于收集用户的社交网络数据，而电商网站关注用户的购物兴趣和消费能力。每个网站或应用程序都会聚焦特定的用户维度，以提供精准的个性化服务和内容。

（2）文创产品用户画像构建流程。

文创产品用户画像的构建可分为4个主要步骤：第一步是目的分析，确定用户画像的应用目标，包括战略定位、产品优化和精细化运营等，涉及市场趋势分析、用户群体划分、产品设计迭代等多个方面。第二步是数据采集，通过社会调查（访问法、问卷调研法、观察法等）和网络数据提取（利用数据库、网络爬虫技术、行业报告等）搜集信息。第三步是标签提取，这一核心步骤既包括基于理论和经验的人工分类方法，又包括从海量数据中提取用户特征的技术提取方法，如文本挖掘、分类算法、聚类算法和预测算法等。第四步是画像呈现，即以"标签+图片"、特征简历、标签云和统计图等形式对用户数据进行可视化表达，使用户画像直观易懂。这4个步骤涵盖从明确研究目的到数据收集、处理和呈现的全过程，为精确把握目标用户群体提供了科学的方法。

（3）文创产品用户画像构建方法。

基于购买行为的用户画像构建方法涉及多个步骤和维度。首先，通过文献研究来理解消费细分原理和用户画像构建流程，确定影响消费细分的关键因素，并选择适当的构建方法。接着，通过问卷调查等方法收集关于用户购买行为的数据，再对这些数据进行聚类分析，以识别不同的用户群体及其特征。最后，通过可视化技术呈现这些标签和数据，完成用户画像的构建。在观察用户购买行为时，主要考虑3个维度：行为能力（评估用户的购买决策力）、目的动机（区分产品的功能性价值和情感性价值，理解用户的核心价值取向）和态度意识（反映用户的认同意识）。这一方法论不仅帮助精确划分用户群体，还能深入反映各群体的需求和偏好，为产品设计和市场营销提供指导。（图3-7）

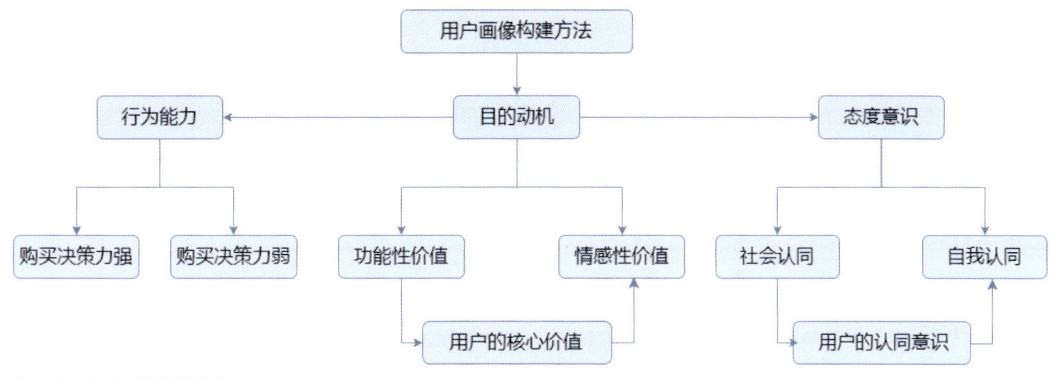

图 3-7 用户画像构建方法

3.2.2 文创产品用户需求分析

1. 用户需求

用户需求分析是文创产品设计和开发的关键步骤，要求设计师站在用户的角度，全面分析产品需求和功能。在解决问题之前，必须先准确识别问题，这是寻找问题解决方案的基础。设计师应以"人"为中心，关注用户需求，从而进行创新和创意设计。用户需求包括网站需求、财富需求、品牌需求和社会需求等多个方面，反映了用户对文创产品在功能、心理和精神层面的多元化追求。企业可以通过分析用户需求，制定有效的营销策略。设计师需深入理解用户的心理特征，以需求激发为出发点来引导购买行为。

（1）价值需求。

文创产品的使用价值包括基本功能、质量、外观、规格、安全性及便利性等多个方面，具备多重使用价值的产品往往更能吸引用户。此外，文创产品的价值还体现在其材料的稀有性、工艺的精细性、造型的独特性及购买的情境性等方面。特别是那些优质、高价且具有收藏价值的文创产品，因为能够体现用户的身份、地位和财富，所以更受用户青睐。这表明，用户在选择文创产品时，不仅注重产品的实际使用价值，而且注重产品的文化价值和艺术价值，以及产品对个人身份和品味的象征意义。

（2）审美需求。

文创产品的工艺性和时尚性构成了其审美价值的核心，反映了用户对产品的审美认可。成功的文创产品需兼具实用性与美观性，以吸引更广泛的用户群体。此外，用户的审美观念不仅受个人偏好影响，还与地域和民族紧密相关。因此，在设计文创产品时，需要考虑特定地域的审美需求，以便于更好地满足目标市场的需求，提升产品的市场吸引力。

（3）特色需求。

文创产品的特色体现在其形状、图案、工艺、材料和包装等多个方面，这些特征不仅是消费者购物时的主要考虑因素，也是其关键需求。尤其在旅游期间，用户更倾向于购买具有地域特色的文创产品。例如，外国游客在中国旅游时，常寻求具有中国特色的文创产品，如陶瓷、刺绣、漆器和文房四宝等。地域特色不仅是文创产品的重要卖点，也是影响用户购买决策的关键因素。

（4）纪念需求。

文创产品可以作为旅游纪念品销售，在旅游景区颇受欢迎。旅游景区的文创产品涉及人文景观、自然风光、民俗风情等内容。旅游时间短暂，游客希望通过购买文创产品来留存美好瞬间。因此，文创产品的纪念性成为推动其销售的主要因素。旅游景点目前对具有纪念意义的文创产品需求很大，文创产品在旅游市场具有广阔发展空间。

（5）时代需求。

文创产品的时代性反映了一个国家或地区的经济发展水平和时代特色。这种时代性要求文创产品具有时尚、新颖、多变的特点，以显现当代社会的新思潮和新观念。特别重要的是，文创产品应采用绿色设计理念和再循环环保材料，以践行可持续发展观。总之，文创产品应顺应时代发展潮流，结合现代技术、理念和趋势进行创新设计，展现时代特色和发展趋势。

2. 特定群体的消费需求

文创产品的设计与开发紧密围绕特定群体的独特偏

好、文化背景、生活方式和价值观念展开，旨在满足不同消费群体的多样化需求。设计师应深入研究目标消费群体的具体需求，从而有针对性地创造出既符合其审美偏好又贴合其生活方式的产品。

（1）老年群体。

老年群体在文创产品选择上展现出独特的偏好，他们更青睐传统、经典的产品。老年群体偏好中国传统文化娱乐形式，如阅读名著、欣赏京剧、练习书法，重视生活质量和文化传承。在视觉上，他们偏爱原木色、古铜色等自然、沉稳的色彩。因此，针对老年群体的文创产品设计应融合传统元素并适度创新，满足其审美需求。在制定市场策略时，深入分析老年消费群体的心理特征至关重要。他们往往情绪稳定，消费理智，重视商品质量、价格和用途。考虑到老年消费群体对品牌的忠诚度和节俭性格，产品的设计风格应稳重，产品更新速度需适度，推广新产品时采用实际试用或赠送小样的方式可能更有效。通过这些策略，企业能更好地吸引和留住老年消费群体。

（2）中年群体。

中年群体在文创产品的消费群体中占比较小，他们的购买动机集中在产品的文化价值、纪念意义及作为礼物的适用性方面。在对中年人的市场调查中，搜集和分析相关实用性数据，有助于开发更多具有实用功能的产品，满足中年群体的消费需求。中年群体具有较高的消费水平，是家庭消费的主要决策者，但购买频率相对较低。中年群体在消费方面表现出较强的理性和计划性，注重商品的质量和性能。这一群体遵循量入为出的消费原则，购买行为趋于理性。因此，在针对中年群体设计文创产品时，设计师应注重产品的实用性，避免过度华丽的外观。稳重的设计风格和合理的结构更能吸引中年群体。同时，细节设计应考虑便捷性、经济性和耐用性，以满足中年群体的实际需求和审美偏好。

（3）青年群体。

青年群体作为新时代的主要消费群体，其消费特点突出体现在对时尚感、设计感和品牌价值的追求上，他们相对较少关注产品的实用性和经济价值。针对这一群体开发文创产品时，应重点关注其使用需求，通过市场调查掌握他们对产品外观、文化内涵和品类的偏好，以决定主要设计元素和产品品类。青年群体充满想象力和创造力，兴趣广泛且多变，追求时尚和个性化，且对流行文化极为敏感。设计师在进行产品设计时需突出产品新颖性，并充分融合当下流行的设计元素。设计师还需要考虑产品包装和展示效果，以吸引青年群体的注意。

（4）儿童群体。

儿童群体消费时通常由父母代为决策，他们的自主选择权有限，缺乏商品购买经验。儿童群体单独消费时容易接受营业员的推荐，购买过程迅速。设计师应考虑儿童的审美需求和购买倾向，比如儿童在群体活动中易受同伴影响，比较注重产品的款式和新颖性。对此，某设计团队创新开发了"智趣"系列产品，包括文具和益智玩具，强调产品的趣味性和亲和力。例如，狮子在中国传统文化中存在已久，其造型常作为建筑的一部分在大门前出现。图3-8所示的故宫狮子创意摆件选取了狮子踩绣球和狮子母子玩耍的经典造型，色彩清新明快，整体风格温馨活泼，狮子形象既可爱又威武，使用时极具趣味性，受到儿童的广泛喜爱。这种创新设计不仅满足了儿童的审美和使用需求，而且提升了产品的市场竞争力。

图3-8　故宫狮子创意摆件

（5）女性群体。

女性群体在购买产品时普遍追求美丽的外观，这一特点贯穿不同年龄层的女性群体。女性群体在购物时重视商品的外观设计，她们认为外观、质量和价格同等重要，色彩和样式是她们选择商品时考虑的关键因素。

（6）男性群体。

在购物过程中，男性群体倾向于快速作出决策，不会过分纠结细节。相较女性群体，男性群体的购物行为通常较为简洁，购物动机更容易受到外界因素的影响，如家庭、朋友和工作需求。此外，男性群体在购买过程中也会考虑购物环境等外部因素，他们的购买行为更多基于实际需要和功能性考量，而非仅仅出于个人喜好或冲动。因此，面向男性群体的文创产品设计和营销策略应突出产品的功能性和实用性。

3.3 文创产品设计定位与头脑风暴

3.3.1 文创产品设计定位

设计定位明确产品的设计目标和问题解决方案，可以根据特定的消费群体、产品外观造型、特殊功能或色彩与装饰图案等进行强调。通过设计定位，设计师能够准确地向消费者传递产品信息，并给消费者留下深刻印象，从而解决设计思路中的关键问题，确保设计成果既符合市场需求又具有独特性和吸引力。

文创产品基于文化元素提炼和市场调研，结合市场发展趋势和时代特征来进行设计定位。这个过程涉及确定产品的文化元素、载体、使用材料、工艺及市场营销策略等。文创产品设计考虑的要点包括产品的亲和力、普适性、品质和人文关怀。设计师应深入理解目标消费群体的生活方式、文化背景和审美观念，在包含丰富非物质文化遗产元素的产品设计中，选择有代表性的文化元素进行创意转化，使产品不仅满足消费群体的实用需求，还能满足其文化需求和审美需求，进而提升产品的市场竞争力。

设计师在文创产品设计中常采用以下 7 种设计定位。

1. 文创产品文化定位

文化定位在文创产品设计中的关键作用在于恰当利用传统文化元素满足现代消费需求，确保设计既能传承历史文化精髓，又能满足现代审美需求和实用需求。这要求设计师选择有代表性的文化元素，深入挖掘其背后的文化内涵和核心价值。文化定位过程分为传承和发展两个步骤：一是呈现传统文化的原貌，二是通过现代设计手段进行创新，使产品不仅引人注目而且具有实用价值。这种设计方法不仅是对物质产品的创造，而且是对文化和价值观的传播，旨在增强用户的文化认同感、民族认同感，体现了对国家文化安全和社会价值观的深远考虑。

2. 文创产品人群定位

在文创产品开发设计中，准确定位目标消费群体是至关重要的。这涉及为谁设计的问题，目标消费群体的性别、年龄、收入等特征都需要明确界定。正确的人群定位对于产品的功能设置和销售策略有着决定性影响。目标消费群体的精准定位直接关系到产品的销量，目标消费群体定位不准确，可能导致出现资源浪费和市场反响不佳的情况。

3. 文创产品类型定位

（1）博物馆的文创产品。

党的二十大报告中提出："激发全民族文化创新创造活力。"作为中华优秀传统文化的宝库，博物馆可以为全社会的文化创新提供资源，博物馆文创事业也是全社会文化创新事业的重要组成部分。

博物馆的文创产品设计以馆藏文物及其历史文化内涵为核心，通过创意转化，将历史与现代生活结合。例如，河南博物院、洛阳博物馆等，不仅具有展示功能，还具有公共教育功能，馆内的亲子科教类产品可以吸引以家庭为单位的观众。博物馆的文创产品可分为三大类：典藏复制类、文房雅玩类、家居生活类。

典藏复制类文创产品主要分为文物复制品和纸质书籍两大类。文物复制品通过 1∶1 还原或等比例缩放的方式，让公众近距离感受原藏品的魅力。文物复制品通常分为高仿制品和一般仿制品。高仿制品以其精细的工艺和高度还原的特点，主要面向对实物有高度需求的收藏爱好者，但由于其审批严格、制作周期长，因此数量较少。纸质书籍作为文创产品，主要通过文字和插图传播文化内涵。例如，故宫出版社出版的《我在故宫修钟表·英国钟表》记录了古钟表的修复过程，展示了非遗传承人的独特技艺，以及工匠们精益求精的精神。

文房雅玩类文创产品以书房用品为主，包括笔、墨、纸、砚等。这些文创产品可以改善阅读环境，带给用户独特的使用体验。例如，故宫博物院在淘宝平台推出了珐琅海水双龙笔架（图 3-9）。该产品的设计灵感来源于故宫博物院院藏乾隆款掐丝珐琅海水双龙笔架。海水江崖纹是中国传统纹样，五支山峰常用于文房用具的雕刻。此款笔架做工精细、釉色艳丽，是集装饰性与实用性于一体的高性价比产品。

家居生活类文创产品丰富多样，反映了人们的需求从功能性向文化性转变，为日常生活增添趣味的同时提升了产品的附加值。家居生活类文创产品不仅丰富了人

图 3-9 珐琅海水双龙笔架

图 3-10 "柿柿如意"茶具

们的日常生活，还满足了人们的精神需求。设计师应关注现代潮流和人们的情感需求，构建与人们沟通的桥梁，优化创意传播途径。例如，"柿柿如意"茶具以秋日的柿子为灵感，巧妙利用"柿"与"事"的谐音寓意吉祥如意、好事常在（图 3-10）。家居生活类文创产品通过微博、微信等新媒体渠道传播，吸引了广泛关注，在线上、线下均取得良好的销售成绩，成功将博物馆馆藏文物的文化内涵与人们个性化、多样化的生活方式结合，满足了人们的精神需求。

此外，随着科技的发展，许多博物馆开始利用虚拟现实、增强现实等技术，推出互动体验类产品。例如，2018 年故宫博物院利用 AR 技术，改变了传统纸质月历单一的传播形式，使之以动态形式呈现，并配有字幕和语音解说，既为用户提供互动体验，又具有实用价值，有助于增强文创产品的文化承载力、展现力和传播力。

（2）历史文化街区的文创产品。

历史文化街区的文创产品设计超越了传统产品的概念，重点放在营造独特的场景体验上。例如，郑州的德化街和开封的马道街等地，通过生动再现历史场景，如古道、小桥、河岸，为游客提供了无与伦比的文化体验。相较于历史博物馆和其他名胜古迹，历史文化街区更强调游客的游览体验。因此，街区的文创产品以体验感为主要设计方向。这类产品不仅受到当地居民的喜爱，还受到游客的追捧，有效地发扬了城市的历史文化精神。

（3）风景名胜区的文创产品。

风景名胜区的文创产品主要是纪念品，旨在体现区域的历史和文化价值。例如，开封的龙亭公园和洛阳的龙门石窟等吸引了大量外地游客，包括团体旅客和个人游客，他们访问这些地方主要是为了探索其深厚的历史文化内涵。风景名胜区通常占地面积较大，游客在每个景点停留的时间有限，更倾向于快速拍照留念而不是花费大量时间挑选纪念品。因此，这些地区的文创产品应具有简洁、易于识别的文化元素，使游客能够迅速作出购买决策。小巧、简易、低成本的纪念品因其便携性和经济性而更受欢迎。随着人们旅游习惯的改变，旅游业呈现跨界发展的趋势，游客不再满足于表面的旅游体验，而是追求更深层次的文化探索和精神满足。

4. 文创产品功能定位

在文创产品设计中，功能定位是根据目标市场的选择和定位，结合产品特性和潜在用户需求，明确产品应具备的基本及附加功能。这一过程要求设计师避免产品同质化，通过设计独特的功能特点占据目标受众的认知空间。文创产品的功能不仅要抽象概念化，还要具体化，以满足市场的具体需求，实用性强的产品往往更能获得消费者的青睐。例如，在设计雨伞时，应考虑到时尚性、便携性、耐用性及安全性等多方面的需求。不同的消费群体可能会对这些功能有不同的重视程度，因此通过细分市场和满足不同消费群体的特定需求，可使文创产品的定位更准确，从而在竞争激烈的市场中获得更大的销售份额。

5. 文创产品材质定位

文创产品的材质定位至关重要，因为材质不仅是设计的基础，而且能传递深厚的文化情感。通过深入了解传统工艺技法和材质特性，结合现代设计手法，设计师能够创造出既具有现代感又蕴含传统文化内涵的产品。文创产品在材料选择上应遵循天然性和生态性的原则，利用不同材质的肌理性、生态性、代表性和文化性，为产品设计带来多元化的效果和深刻的情感表达。材质能直观地展现产品的独特性，通过对材质进行精心分析与整合，设计师能够为文创产品注入"融合"的理念，创造出既美观又有意义的产品。

6. 文创产品价格定位

现代消费者在购买产品时趋向于理性，追求产品的性价比，希望所购买的产品能"物有所值"甚至"物超所值"。文创产品因情感溢价而具有较多的附加价值，其价格定位策略十分重要。价格定位应基于对产品价格特征的准确分析，将产品的价格设置在消费者认可的价位区间内，从而在他们心中建立起相应的价格形象。相关人员应进行全面的市场调研，综合考虑各方面因素后作出决策，只有这样才能够更好地满足目标消费群体的预期，提升产品的市场竞争力。

7. 文创产品质量定位

文创产品的质量定位又称品质定位，是一种通过突出产品优良品质来确定其市场定位的策略，旨在通过提升消费者对产品品质的认知唤起其购买欲望。在产品定位策略中，质量定位占据极其重要的地位，因为对消费者而言，产品质量往往是购买决策的首要考虑因素。产品质量出现问题不仅会为消费者带来经济损失，更可能带来精神困扰。产品质量可以分为追求卓越和追求实用两个不同的方向，前者多见于追求精良制造、细致工艺，可满足长期使用或收藏需求的产品；后者多见于一次性或短期使用的产品，强调在正常使用条件下的性能满足，不追求超出使用需求的高品质，以避免资源的无谓浪费。然而，如今市场上仿冒和劣质产品泛滥，需要特别关注文创产品的质量，以建立消费者信任和市场地位。

在文创产品设计过程中，如果没有明确的设计定位，设计师的创意可能会失去方向，导致无法有效解决设计中的问题。文创产品的设计定位不仅是创意设计的起点，而且在整个产品开发过程中起到引领方向的关键作用，是实现设计目标的关键步骤。虽然设计定位在理论上是原则性、方向性甚至抽象性的，但在实践中应是一个动态的、反复探索的过程，其目标是寻找既能满足受众需求又能体现设计师创意的最佳平衡点。

3.3.2 文创产品头脑风暴

头脑风暴是文创产品设计中常用的创意方法。通过集体讨论，参与者围绕特定主题进行自由发言，以激发思维碰撞、填补知识空缺、引发创造性想法，从而获取问题的多种解决方案。该方法有助于打破传统思维的限制，最初应用于广告设计并取得显著成果，引起了全球学者的关注。现如今，头脑风暴法不仅应用于设计领域，还应用于预测、规划、社会问题处理、技术创新及决策等多个领域。

1. 头脑风暴产品定位训练

在文创产品定位分析训练中，头脑风暴是设计师常用的创意方法。它的核心在于利用集体智慧来拓展个人思维，有效提升创意工作的效率。以城市传统文化为主题的文创产品开发是一个典型案例。在此过程中，教师可扮演主持人的角色，指导学生围绕主题提出想法，并从中筛选最具可行性的方案。进一步的产品定位分析建立在对文化元素深入理解的基础上，采用思维导图等工具，从目标人群、材料选择、文化内涵、产品类别及设计理念等多方面进行分析，确立清晰、具体的设计定位。思维导图是一种自然而有效的创意工具，通过放射性的联想模式促进创造性想法的产生，可为文创产品的设计定位提供有力支持。产品定位思维导图如图 3-11 所示。

2. 文创产品开发中头脑风暴的原则

在文创产品开发过程中，头脑风暴通过集体讨论的方式促进创意想法的产生。为确保头脑风暴法的成功实施，需遵循以下原则：第一，实行自由畅想原则，鼓励参与者突破传统思维的限制，从多维度提出新奇想法；第二，采用延迟评判原则，避免早期评价抑制创意思维，确保所有想法都得到记录和考虑；第三，强调数量优先原则，目标是在限定时间内激发较多的创意；第四，落实综合完善原则，鼓励参与者参考他人想法进一步创新，系统化整理和分析所有人提出的设想，筛选具有实用价值的创意方案。这些原则共同

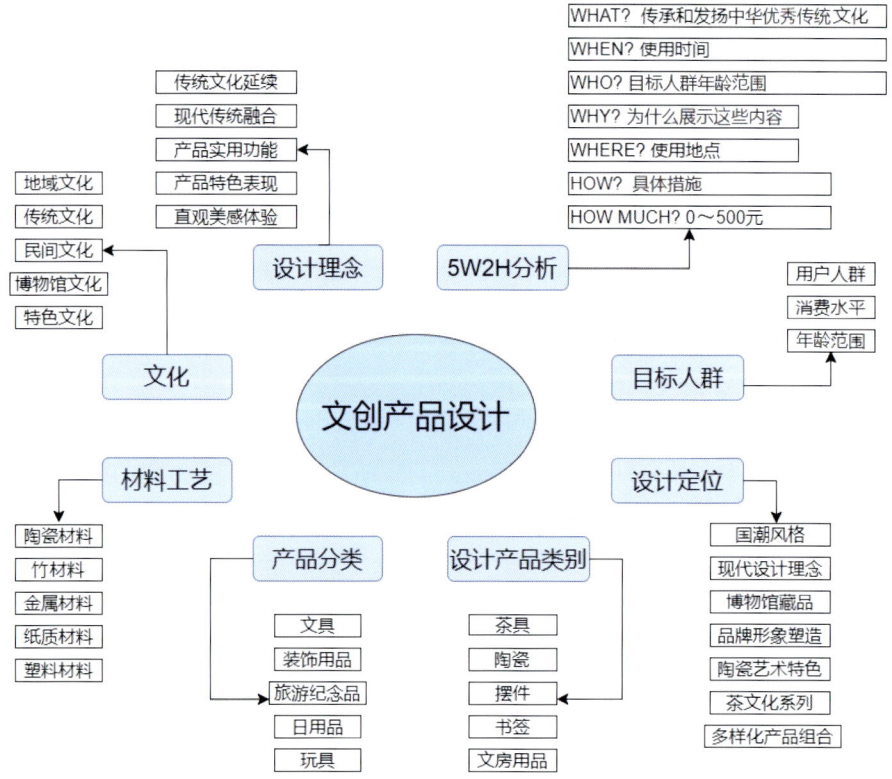

图 3-11　产品定位思维导图

作用，使头脑风暴成为推动文创产品设计创新的有效工具。

3. 文创产品开发中头脑风暴的程序

头脑风暴在文创产品开发中是一种重要的发散性思维方法，目的是在短时间内集结众人智慧，激发创意，找到问题的解决方法。头脑风暴具有明确的程序，包括热身准备、明确主题、畅所欲言和方案完善等阶段。热身准备阶段旨在通过放松和热身活动使参与者进入最佳思维状态。明确主题阶段要求领导者简明扼要地介绍问题，不设限制条件，为参与者提供广阔的思维空间。在畅所欲言阶段，参与者应自由表达自己的想法，不需要担心被评判，以促进更多创意的产生。此过程强调在非评判性的、自由的环境中产生大量想法，并在随后的方案完善阶段进行评价和筛选，以确定最佳解决方案。头脑风暴不仅提升了创意效率，还有助于参与者之间的思维碰撞，促进参与者进行广泛、深入的思考，为文创产品设计提供了丰富的创意来源。

3.4　文创产品设计实施

3.4.1　文创产品设计方法

文创产品设计的实施要求以产品内部特征和功能为出发点，深入理解产品的核心元素和材料特性，然后逐步向外部展开，考虑如何与用户建立有意义的联系。文创产品设计应既注重产品的美观性，又充分考虑产品的实际用途和用户体验。

1. 形的提炼法

在文化创意产品开发中，形的提炼是一种重要的设计方法。将富有文化内涵的符号元素提取并转印到产品上，可使产品快速形成系列并产生经济价值。这种方法帮助设计师在众多文化符号中快速找到适用元素，现有文创产品大多据此成形。直接应用文化符号使文化元素的表达更为直接，也便于人们理解和接受其文化内涵。具体的实现形式包括二维转印法、微缩复制法、形态转化法等，这些方法均能有效地将文化符号融入产品设计中。

（1）二维转印法。

二维转印法在文创产品设计中是一种简单且高效

的方法。该方法将具有特色的文化元素，如纹样、文字等提取并转化成平面图案，并使之与产品结合。通过这种方式，不仅能使产品传达丰富的文化内涵，还能从视觉上展现文化的独特魅力。二维转印法因操作简便、效果直观，而在文创产品开发中得到广泛应用，它有效地将文化内容和产品设计联系起来，让消费者通过使用产品来理解文化的深层涵义。

（2）微缩复制法。

微缩复制法是一种通过模拟并复制具有代表性的建筑、家具、瓷器和其他摆设类元素，创造出工艺品的设计方法。这种方法允许在设计过程中对原始元素的材质、颜色和尺寸进行复制还原，或者利用现代工艺技术对其进行再设计，以适应新的审美和功能需求。对于较大的元素，可通过等比例缩小复制，将其转化为既具装饰功能又能体现文化特色的文创产品。这种方法有效地保留了原始元素的文化价值和外观特色，同时增添了新的创意，为消费者提供了具有文化意义的选择。如图3-12所示，脊兽黄铜书签礼盒是运用微缩复制法的典型产品。

图3-12　脊兽黄铜书签礼盒

（3）形态转化法。

在文创产品设计中，形态转化法是基于现有文化资源进行造型、图案、颜色等方面的改造和再设计的方法。从造型角度出发，设计师可提取和简化具有辨识度的建筑、物件、美食等的外形轮廓，将其转化为平面形状并应用到文创产品设计中。从图案角度出发，设计师可对器皿图案、服饰花纹、建筑纹样等文化符号进行立体化处理，将其转化为立体造型，创新地融入文创产品设计中。从颜色角度出发，设计师可提取具有辨识度的器皿、画作、图腾的色彩，将其融入文创产品设计中。这种方法不仅适用于平面和立体设计，而且强调对具有固定形状的文化元素进行"形"的提取和加工，是将文化元素以简单、直接的方式应用于特色文化资源中的一种有效手段。如图3-13所示，仙林澄霁流光小夜灯是运用形态转化法的典型产品。

图3-13　仙林澄霁流光小夜灯

2. 元素重组法

元素重组法在文创产品设计中是深化文化符号理解的一种重要方法。它对文化元素进行简化和重组，创造出新的文化符号并赋予它们新的文化意义。例如，古代建筑的构件如门窗、斗拱等都可以视作独立的文化符号，这些构件通过独特的组合可构成造型精美的建筑。元素重组法不仅强调单个文化符号的意义，还注重不同文化符号间的关联性。元素重组法通过对具有独特艺术美感和文化内涵的符号进行联系和功能扩展，将不同的文化符号交叉结合，创造出富有文化内涵的新文化系统。这种方法能够改变人们对文化符号的传统解读，增强文创产品的趣味性和文化传播力，提升文创产品的经济价值。如图3-14所示，大观园喜乐欢年八音盒是运用元素重组法的典型产品。

图 3-14 大观园喜乐欢年八音盒

图 3-15 古籍修复体验盲盒

3. 场景渲染法

某些传统文化元素不符合现代审美标准，直接应用可能无法激发消费者的购买兴趣。此时，设计师可以利用场景渲染法，通过将文化元素与地域环境、特定氛围结合，创造出引人入胜的视觉效果。场景描绘具体指对真实景色、建筑进行写实总结，以其高识别性突出视觉元素的提取和表达。但是，具象图形可能由于缺乏生命力而无法充分传达文化韵味。为解决这一问题，可以在具象描绘的基础上进行一定程度的渲染，并结合现代审美标准进行艺术化处理，赋予图像更多生命力和文化内涵。设计师可通过精确概括地区特色建筑或景点的方式，提升文创产品的整体视觉美感，使文创产品更具吸引力和文化价值。

4. 互动体验法

随着消费需求的变化，地域资源和特色文创的互动体验介入成为文创产品开发的新趋势。这种模式整合地域资源，引入互动体验概念，旨在提升游客的游览体验。开发者根据地域资源的独特性设计不同的体验项目，大致分为学习型、情感型、收获型 3 种体验类型。学习型体验让游客通过参与活动获得知识；情感型体验让游客通过亲近自然缓解生活压力，享受宁静的生活；收获型体验通过让游客亲自完成任务，为游客带来成就感和满足感。互动体验不仅丰富了游客的游览内容，而且有效传播了地域文化，增强了文创产品的吸引力。如图 3-15 所示，古籍修复体验盲盒是运用互动体验法的典型产品。

3.4.2 文创产品设计表现

文创产品设计表现图是对产品造型、色彩、结构、比例、材质等关键元素的综合展现，通常分为设计草图、产品工程制图、建模效果图三类，它是设计过程中最直观、最真实地反映设计方案的方式。设计师的任务是围绕设计主题明确地传达设计意图和信息，通过对设计思路的深入研究和分析，将设计构想转化为实际产品。在此过程中，设计师利用多种媒介来表达自己的想法，以赢得企业和用户的认可和支持。

1. 设计表现绘制方法

设计表现的绘制方法多样且各具特色，主要包括线描、素描、马克笔和彩色铅笔 4 种技法。线描技法通过单线展现产品的基本形态和轮廓，强调线条的流畅与变化，是产品设计表现图绘制的基础；素描技法利用黑、白、灰的色调对比，精准刻画产品的细节、质感和空间感；马克笔技法凭借色彩丰富、绘制便捷和表现力强的特点，被广泛应用于产品设计表现图的绘制中；彩色铅笔技法以线条感和笔触展现材质特性，常与其他工具结合使用，可实现层次丰富的画面效果。

2. 设计表现绘制草图

绘制文创产品设计草图是设计初期的重要步骤，设计草图分为概念草图、形态草图和结构草图三类，分别侧重于表达设计的初步概念、外观形态和内部结构。设计草图帮助设计师在短时间内准确捕捉和表达设计构思，是沟通设计意图和推敲设计方向的有效工具。

概念草图是设计师将抽象思维转化为具体形象的初步尝试，侧重捕捉设计意向和造型方向，体现设计思维的流动和创意的发散，可为后续深化设计提供灵感和方向。

形态草图是对概念草图的细化，设计师通过不断论证，筛选出优质方案。形态草图侧重表现产品的造型、色彩和材质，以透视图的形式直观展示产品的视觉效果。设计工具包括马克笔、水彩笔和色粉笔等。

结构草图侧重于表现产品的整体结构特征，包括主图和辅助图文，详细展示设计方案。设计师绘制结构草图时，应选择合适的角度，展示产品的整体形态。

文创产品设计草图绘制的目的在于快速、明确地传达设计理念，强调展示整体效果而非细节。设计师需在设计草图中考虑产品的工艺、材料和功能，运用流畅的线条表达产品的形态和材质。透视法的使用增强了产品的空间感，而有序的构图和细节元素如图标和指示箭头的运用，则提升了设计草图的表现力，生动地表达了文创产品的设计意图。

3. 文创产品表现

文创产品的设计与制作流程与常规产品相似，包括设计草图、制作正稿、修改细节、样品制作、模具打造、后续改进、收集市场反馈及重新设计等环节。不同之处在于，文创产品的开发过程深度融入了文化元素，对设计师的文化素养和专业技能提出了更高要求，强调了团队合作的重要性。因此，开发文创产品通常采用团队合作的方式，以确保产品设计的深度和广度。

（1）文创产品建模效果图。

文创产品建模效果图包括工程制图和外部形态制图。工程制图关注产品的内部结构的合理布局，而外部形态制图则专注于产品的外观设计。设计师需掌握工程设计原则并熟练使用各种制图工具，同时根据设计需求选择适当的立体或平面制图软件，以确保产品设计的全面性和精确性。

文创产品建模效果图通过模拟真实的产品，展现产品的造型、色彩、材质和功能，是在综合评估多种草图方案后，选择最具可行性的设计并将其进一步深化的结果。设计师在此过程中需严格考虑产品内部结构、外观比例等制约因素，运用绘图软件和计算机辅助设计来传达设计意图，计算机辅助设计不仅确保了设计的精确性，而且为实体产品的制作和讨论提供了坚实基础。计算机建模过程中的调整有助于明晰草图中的尺寸，确保尺寸与造型的匹配，同时保证细节的丰富性和产品的真实感。

（2）文创产品建模渲染效果图。

文创产品建模渲染效果图是设计深化阶段的关键步骤，反映了设计师的综合能力。此时，设计概念明确，产品形态初步确定，通过模型建立和渲染调整，可以展示最终产品。数字技术在模拟产品效果的过程中起着至关重要的作用，涉及 3D 建模、材质渲染和图像修正等多个环节。主要工具包括 Rhino、KeyShot、3ds Max、Blender 和 Cinema 4D 等。其中，Rhino 特别适合产品设计，以其强大的功能、优质的模型和易操作性而受到行业青睐；KeyShot 的实时渲染功能操作简便，适合快速生成高质量的渲染图。

（3）文创产品打样和实物制作。

在完成产品设计方案、三视图和 3D 建模后，应制作产品模型样本。文创产品分为平面和立体两类，均需进行相应的打样工作。平面产品如包装或书籍等，需与印刷厂合作选用适当的纸张和油墨制作样本；对于立体产品，通常采用油泥、石膏等材料手工制作模型。随着 3D 打印技术的发展，设计师也可直接打印产品的 3D 模型，提高了工作效率。

习题

一、文化调研报告编写

选择一个具体的文化创意产品作为研究对象，完成一份包含以下内容的详细研究报告。

1. 产品的文化背景与历史演变过程。

2. 当前市场状况分析。

3. 产品设计定位。

4. 目标消费人群分析。

二、设计思维导图制作

基于文化调研报告的内容，绘制一张设计思维导图。应注重以下两点要求。

1. 研究内容的图形化展示。

2. 设计思路的明确表达。

三、具体案例分析

分析中华优秀传统文化元素是如何在文创产品中得到传承与创新的，并结合具体案例探讨如何通过文创产品增强民族自信。

第 4 章
文创产品设计的材质与工艺

教学目标

(1) 了解并掌握多种材质与工艺的特点。
(2) 了解并掌握多种材质在文创产品中的应用。
(3) 了解并掌握多种工艺在文创产品中的应用。

【本章教学框架】

教学要求

知识要点	能力要求	相关知识
天然材料文创产品	(1) 了解木材、竹材文创产品的概念 (2) 掌握木材、竹材文创产品的工艺与应用	木材、竹材
金属材料文创产品	(1) 了解金属材料文创产品的概念 (2) 掌握铜工艺、银工艺文创产品的工艺与应用	金属工艺
陶瓷文创产品	(1) 了解陶瓷文创产品的概念 (2) 掌握陶瓷文创产品的工艺与应用	陶瓷
纸质文创产品	(1) 了解纸质文创产品的概念 (2) 掌握纸质文创产品的工艺与应用	剪纸艺术

推荐阅读资料

（1）杨静.传统手工艺文创产品的再设计[J].包装工程，2024，45（10）：346-348，376.

（2）李君梓.乡土元素在文创产品设计中的应用[J].中国农业资源与区划，2023，44（9）：188，211.

（3）汪丹，管家庆.基于生活美学取向的陶瓷文创产品设计研究[J].中国陶瓷，2022，58（12）：81-85.

基本概念

文创产品的美感与其构成材质、工艺密不可分。即使是结构相同的产品，运用不同材质制作，也会呈现截然不同的视觉特征，给人不同的视觉感受。可见，材质是文创产品造型的物质基础。掌握不同材质的特殊性质、外表特征和加工工艺，是文创产品设计的基础。文创产品设计必须体现材质本身所特有的美学特征，以发挥其独特的质地美。工艺是文创产品造型的实现手段。在一定程度上，工艺水平决定了产品外观质量水平。文创产品的造型要通过多种材质、工艺来完成，因而必然会反映材质、工艺的特征，包含多种美感因素。不同工艺产生不同质感，表现为具有理性美的工艺痕迹。比如，木材因其低成本、环保的特点而备受青睐，经过车削、涂漆等工艺处理可展现出天然纹理和丰富色彩；又如，金属材料具有导电性、导热性、延展性和光泽感等特性，可通过拉丝、抛光等工艺处理展现出肌理美感。总之，材质美与工艺美的有机结合，为文创产品设计提供了丰富的可能性。

引例：基于文创产品设计的材质与工艺

"铜奔马"造型有趣，"飞燕"憨态可掬。近日，由甘肃省博物馆推出的以"马踏飞燕"为原型的文创玩偶走红，受到消费者欢迎。从故宫博物院的"朝珠耳机"，到河南博物院的"考古盲盒"，再到四川三星堆博物馆的文创雪糕，近年来，博物馆文创开发热度不减，产品屡屡引发关注。

文物是历史的见证，也是文化的重要载体。通过文物，那些抽象的历史故事、思想智慧、价值理念以具象化的方式呈现在人们面前。一件件青铜器皿、一方方摩崖石刻、一片片竹简木牍，既是承载厚重历史的文化遗存，又是滋养精神血脉的宝贵财富。文创产品走红启示我们，与时俱进、勇于创新，推动文物活化利用，才能拉近文物与大众的距离，让更多人在触摸悠久历史、感受文化魅力的过程中增强文化认同、坚定文化自信。

历史文化的滋养，既在思接千载的历史回眸之中，也在可感、可知、可参与的切身体验之中。深入挖掘文物背后的文化价值，开发更多符合大众需求的文创产品，让文物与大众更亲近，这同样是文创产品走红的启示之一，也是"让文物真正活起来"的必然要求。

参考资料：《人民日报今日谈：文创产品走红的启示》人民日报　作者：白弈非

在广阔的中国大地上，蕴藏着浩如烟海的文化遗产。如今，这些蕴含民众智慧、承载丰富情感的文化瑰宝，成为我们创新创造的丰沛源泉。一段时间以来，不少乡村聚焦自身文化特色，将其活化为生动有趣的文创产品和文旅项目，点亮了乡村文化空间，激发了乡村文化的内生动力和创新活力。

乡村文创以看得见、摸得着的方式，为人们感受乡村魅力提供物质载体。走进山东省莱阳市姜疃镇的濯村，眼前是一片忙碌景象：非遗传承人、学员和游客汇聚在"山东手造"非遗研学基地，烟台剪纸、胶东大鼓、鲁绣、草编等非遗产品琳琅满目。在非遗传承人的指导下，学员们创作了二十四节气传统饮食主题剪纸"顺'食'而动"，将二十四节气和剪纸这两个非遗项目巧妙融合，让节气文化可以"贴"在家中。根据当地五龙河传说创作的胶东大鼓曲目《五龙戏水》，以富有仪式感的表演展示村民们建设美好家乡的昂扬精神风貌。

这种古事新说、古韵新传的方法，将优秀传统文化转化为群众喜闻乐见的新形式，为非遗技艺的活态传承和乡村文化的创新发展打开了思路。不少乡村还通过提炼传统节日元素，结合非遗技艺开发端午荷包、重阳草编等。这些文创产品承载着对美好生活的祈愿和孝老爱亲的美德，让传统文化可体验、可触摸、可携带，融入日常生活，走进千家万户。

乡村文创的成功开发，关键在于和当代生活建立密切联系。以"黄河非遗点亮老家河南"活动为契机，高校、设计单位和文旅企业等各领域人才走进村镇、脚踩大地，感受乡村振兴的脉动，从专业视角寻找非遗与当代生活的联结点，用当代审美解码非遗深处的文化基因。由此，许多贴近生活、契合当代人需求的文创作品和项目得以落地并收获好评。

4.1 天然材料文创产品

在文创产品设计与开发中，材料的选择至关重要。材料可以分为两大类，一类是天然材料，如木、竹、毛皮、砂、石等，一类是人工合成材料。其中，天然材料在文创产品设计中应用广泛。木材、金属、塑料和玻璃是文创产品设计的常用材料。木材尤其受欢迎，因为它具有低生产成本、低能耗、无毒性、无污染等优点，同时具备出色的物理性能、良好的保温绝缘性，且易于加工。木材的加工工艺包括车削、钻削、黏结、弯曲、压雕、涂漆等，并以其天然的纹理、丰富的色泽及强烈的装饰性吸引着人们。

古代器物制造多采用优质的天然材料，如木材、石材等，这些优质材料使古代器物得到了良好的保存。古代器物的材质一直备受关注，而现代技术也可以模拟传统材质的视觉效果。因此，在文创产品设计中，不仅要考虑材质的特性，还要灵活运用现代技术以获得丰富的表面效果。

4.1.1 木材文创产品

1. 木材文创产品概述

木材作为可再生的自然资源，在各领域得到广泛应用，是人类最古老的设计材料之一。随着时间的推移，木材加工工具不断更新，加工技术不断丰富，许多古典文献中都有对木材加工利用的记录。我国森林资源相对稀缺，综合利用和保护森林资源是缓解木材短缺状况的关键措施。在此背景下，可持续利用的木材成为必然选择，有助于维护生态平衡，促进可持续发展。

（1）木材的干燥处理。

干燥处理可排除木材中多余的水分，控制木材的含水率，避免木材在加工中产生干缩、变形及开裂现象，同时可提高木材的加工精度。另外，在加工和使用木材之前对其进行干燥处理，可以有效预防木材腐烂、虫蛀、变形和开裂，从而延长木材的使用寿命。

（2）木材的选择。

在木材文创产品的设计过程中，木材选择取决于产品用途。文创产品所需的木材体积通常较小，因此常选用质地紧密、硬度较高的木材。此外，根据文创产品的主题，也可选择具有独特文化含义的木材。

（3）木材的特性。

木材是在特定自然条件下生长的材料，具有复杂的特性，在使用过程中需根据特定要求和条件综合考虑木材的优势和不足。

① 文化特性。木材作为自然材料蕴含丰富文化内涵。在中国古代文化中，常将木与社会生活联系起来，赋予了木主观意向性。

木被视为中华民族生生不息、拼搏向上的象征，在中国传统文化中备受认同。中国古代有"尚木情节"，五行中木象征生命力和生长力，代表着东方、春天。木材作为源自自然的材料，是人与自然对话的通道，为文创产品的设计提供了更多可能性，满足了现代消费者的审美追求和价值追求。例如，故宫的琴系列书签以故宫博物院馆藏的4件古琴为灵感来源，将中国古典音乐文化与现代生活巧妙融合。这套书签不仅复原了古琴的优雅形制，还赋予了古琴新的文化意义和审美价值。（图4-1）

② 视觉特性。木材不仅具有独特的视觉特性，如质朴亲切的质感和强大的结构强度，还拥有出色的加工性能，可通过多种工艺进行造型。设计师常有意展现木材劈裂的外形，以创造与光滑切削面不同的艺术效果。车削加工可创造平滑的肌理和曲面，而雕刻则能充分利用木材的特性，挖掘木材的原始形态美。不同的加工工艺为文创产品提供了丰富的形态塑造技术支持。例如，曲水流觞熏香套装，以苏轼的词《行香子·述怀》为设计灵感，传达了超脱世俗的生活理念，让现代人在繁忙中感受到宁静与慰藉（图4-2）。

2. 木材文创产品工艺

木材成型加工是通过木工手工工具或木工机械设备将木材加工成构件，再通过组装和表面处理使之形成木制品的技术过程，包含多个工艺步骤。

（1）开板下锯。

原木加工的关键环节是开板下锯，对于制材下锯，需考虑设备、原木尺寸、质量、肌理、产品要求及出材率。木材在锯切后，由于锯切方向不同，其表面纹理和物理性能也有所差别，主要形成横切面、径切面和弦切刨削工具包括平刨、槽刨、边刨、铁刨和特型刨等。木工刨削机床分为平刨床和压刨床，都是利用刀轴带动刨刀进行高速旋转加工。凿削是木制品构件基本的成型加工方式，通过使凿子做冲击运动，垂直切断木材纤维，形成框架孔结构。凿子分为平口和斜口两种，平口凿子使用较多。木材铣削是一种常见的用于加工复杂形状的成型方法，尤其适用于凸平台、弧面、球面等。木材铣削通常在木工铣床上进行。木工铣床是一种多功能设备，可完成不同形状木材的加工。

（3）木材热弯。

木材的热弯加工过程包括软化处理、加压热弯和干燥定型3个关键环节。软化处理环节旨在赋予木材暂时的可塑性，使其能够按需变形而不折断，并在弯曲状态下重新获得原有的刚性强度。加压热弯环节利用手工或机械加工将已软化的木材加压弯曲成预定的形态。手工弯曲通过金属夹板、断面挡块和拉杆等夹具进行，而机械弯曲常采用U形曲木机和回转型曲木机，可实现批量生产。干燥定型环节旨在通过加热定型的方式，将木材的含水率降至10%，从而固定弯曲形态。这3个环节相互协作，使木材能够适应各种设计需求。

（4）表面涂饰。

木制品通常需要进行表面涂饰和着色处理，以提高表面质量及防腐能力，并增强外观的美感。这个过程包括表面处理、着色和涂漆等工序。表面处理指清除木材表面的污垢、胶痕、磨屑、树脂等，修平局部节子、裂纹、孔洞、凹坑等缺陷，并进行磨砂处理。着色作为木材主要的装饰手段，常在表面处理后进行，通过涂刷水粉或油粉，使木材表面呈现所需的颜色效果。着色处理不仅提高了木制品的外观质量，而且增强了木制品的实用性。

为使木制品防水、防潮并增加其表面光泽度，通常需要对其进行涂漆处理。涂漆工艺包括混油、清漆和擦色3种工艺，混油工艺使用不透明油漆完全遮盖木材颜色；清漆工艺采用透明涂料，保留木材天然质感和纹理；擦色工艺在保持木材原有纹路的基础上改变其颜色，创造特定视觉效果。

（5）雕刻工艺。

木雕分为工艺木雕和艺术木雕两大类。工艺木雕流传于民间，具有浓郁的地域特色，其制作工序明确，包括出坯、修细、打磨、上光、配置底座等步骤。观赏性工艺木雕常采用立体圆雕或半圆雕技术，表现花、禽、兽、

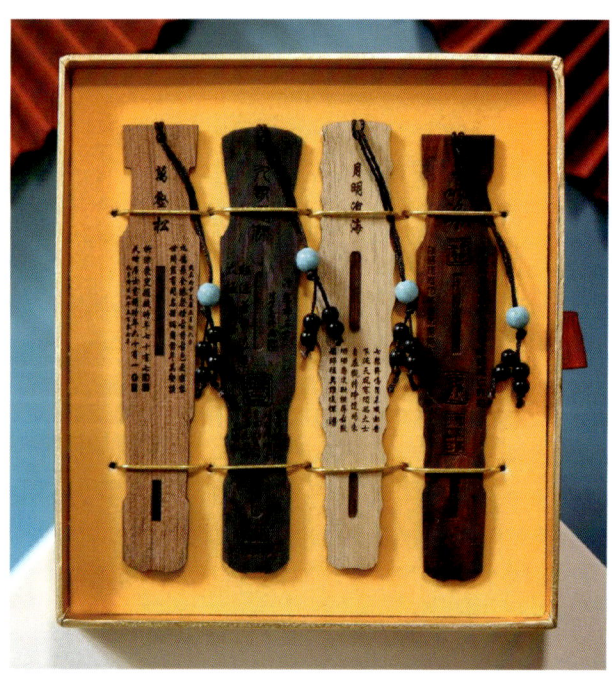

图4-1　紫禁典藏实木书签

图4-2　曲水流觞熏香套装

面。横切面指与树干主轴或木材纹理方向垂直的切割平面；径切面指沿树干主轴方向，通过髓心并与年轮垂直的纵向切割面；弦切面指与木射线垂直、与年轮切线相切且不通过髓心的纵向切割面。下锯分为4种方法，即原木平行下锯法、转圈下锯法、毛方下锯法和原木四分法。在木材锯切中，框锯和刀锯是主要工具，框锯可分为纵向锯、横向锯和曲线锯，刀锯则有多种结构，适用于不同操作场合。

（2）刨削、凿削与铣削。

刨削通过手工或木工刨削机床进行木材加工，剥离木材表面薄层，获得符合尺度要求的平整的构件。手工

人物等；实用性工艺木雕多用于装饰实物，如落地灯、屏风、钟表等。艺术木雕通常具有精巧构思、深刻内涵及独创性，能反映创作者的审美水平及工艺水平。我国有悠久的木雕工艺历史和丰富的木雕种类。浙江东阳木雕、广东金漆木雕、温州黄杨木雕和福建龙眼木雕并称"四大名雕"，其他种类如上海白木雕、苏州红木雕、南京仿古木雕、泉州彩木雕等，都以产地、选材或工艺特色命名。在根雕艺术中，创作者善于运用根的自然形态，遵循"三分人工，七分天成"的原则，创作出兼具实用性和观赏性的工艺品。

（6）拼接工艺。

在文创产品设计中，木材的拼接工艺主要包括榫卯结合、胶结合和螺钉结合。榫卯结合是传统木构件的主要连接方式，通过榫和卯咬合形成稳定的连接。胶结合则使用木工胶、乳白胶等化学黏合剂黏合木材，增强结构稳定性。螺钉结合是现代木制品组装最常见的方式，通常采用明螺钉结合，以便于安装和维护；对于外观要求高的设计，可以采用暗螺钉结合，暗螺钉结合隐藏螺钉，可以使连接更隐蔽。

榫卯结构，作为中国古代传统木制品的重要连接方式，以其独特的一凹一凸的连接形式成为古代家具、建筑的重要组成部分。

党的二十大报告提出，"坚定道路自信、理论自信、制度自信、文化自信""推进文化自信自强，铸就社会主义文化新辉煌"。对推进文化自信自强，我们有充分的理由和充足的底气，其中一个重要基础就是中华民族五千多年历史所孕育的博大精深的中华文明和熠熠生辉的优秀传统文化。

榫卯结构通过巧妙的组合，限制了木制构件在多个方向上的扭动，赋予其独特的美感。榫卯结构体现了对称、和谐、统一等美学原则，为观赏者带来愉悦感受。榫卯结构不仅是木制品的连接方式，更是古人智慧的结晶，已融入中华传统文化。榫卯结构一凹一凸的设计与中国阴阳平衡理念相契合，不仅是一种连接方式，还能体现造型创意、色彩对比、肌理对比，丰富整体造型效果，传达象征意义。

在文创产品设计中，加工工艺和材质肌理的对比至关重要。天然材料的自然色泽和纹理与经过加工处理的材料相结合，能创造引人注目的视觉效果，丰富产品给人的视觉感受。故宫木质万年历以宫廷祥瑞为主题，是一个融合传统文化与现代设计的桌面艺术品。这款台历采用了木质材料，可循环使用，具有可持续性和耐久性。（图4-3）

4.1.2　竹材文创产品

1. 竹材文创产品概述

中国具有丰富的竹资源，是全球竹子种类最多、产量最大的国家。竹材具有生长速度快、笔直、轻巧、强度高、富有弹性等优点，是工业设计领域的优良应用材料。竹材的使用历史悠久，竹产品在日常生活中随处可见。现代社会倡导绿色环保的生活方式，竹材文创产品在市场中占有一席之地，具备极高的经济价值、环保价值和文化价值。本节将探讨传统竹制器物与竹制文创产品之间的联系，并从工艺加工的角度对竹材文创产品进行介绍，为竹材文创产品设计奠定基础。

图4-3　故宫木质万年历

(1) 竹材的特点。

① 物质与精神结合。竹材文创产品在设计时融合了物质特征和精神特征两个重要方面。物质特征涉及产品的实体形态，即为消费者提供的可见、可触的物质载体，满足基本使用需求；精神特征则体现在产品所承载的文化内涵上，它通过物质形态展现，对产品具有重要影响。竹材文创产品是中华民族精神的具象化体现，蕴含深厚的文化内涵。中国是竹的发源地，竹子种类丰富，其天然特性如弯曲而不折、四季常青与中国传统审美观念和道德观念紧密契合。

推进文化自信自强，要"立足本国又面向世界"。世界上每一个国家的文化都延续着其民族的精神血脉，我们要尊重文化的多样性，推动不同文明之间平等交流、互学互鉴、和睦共处，以更开放的视野、更宽广的胸襟、更包容的态度借鉴吸收人类一切优秀文明成果，使之"为我所用"，书写各美其美、美美与共的文明互鉴新画卷，为世界文明增光添彩。

竹子被视为美德的象征，是中华文化的重要组成部分。竹材文创产品承载着强大的生命力和精神内涵，提升了产品的内在价值，吸引了热爱传统文化的人群。在现代社会中，竹文化为人们提供精神滋养，设计师将现代文化元素与竹文化融合，创作出既实用又具有深厚文化内涵的产品，这些产品不仅满足实用需求，还传递了文化的力量，满足了现代人的精神追求。

② 实用与审美结合。在竹材文创产品的设计中，实用性被置于首位。实用功能构成了这类产品的基础，但在现代审美观念下，审美功能同样重要。因此，这类产品的设计需要在实用性与审美性之间寻找平衡点。通过借鉴现代人体工程学原理，设计师们创造出既耐用又舒适，且能在审美上引起共鸣的产品，提升了产品的整体价值。随着人们审美需求的多元化和个性化发展，中国的竹制品从简单的实用品向重视装饰性和审美性的文创产品转型。竹材文创产品的设计师需紧跟时代潮流，结合现代审美标准和艺术元素，通过巧妙的设计和精湛的工艺来迎合不同群体的审美需求。相较传统竹制品，现代竹材文创产品更强调对艺术元素的融合，产品的形态、色彩、材质和工艺等都进行了艺术化处理，展现出较高的审美价值，可满足人们多样化的审美需求。

③ 传统与现代结合。竹材文创产品的设计巧妙结合了传统制作工艺与现代设计方法，这种结合激发了传统工艺的创新潜力，使其与现代审美观念相融合，增加了产品的附加值。

在设计过程中，设计师深入探究传统竹工艺的特点和文化内涵，并巧妙地将其与现代设计理念结合，创造出既体现传统文化精髓又满足现代审美的文创产品。竹材文创产品促进了传统竹工艺的现代化复兴，增进了人们对传统竹文化的认识和热爱，满足了市场不断变化的需求。

文创产品以竹子为材料不仅增强了产品本身的实用价值，而且加深了产品在人们心中的印象。除了具备一般商品的特征外，竹材文创产品以竹为载体，以竹工艺为表现手段，展现出独特性。这种独特性主要体现在将物质与精神结合、实用与审美结合、传统与现代结合。

（2）竹材的构成及应用。

竹子是一种可再生资源，生长周期通常为三至七年，具有广泛的用途。竹子可用于编织生活用品、制作家具、制作纸张、生产活性炭；竹叶可提取竹叶黄酮，用于药品制造；竹笋可食用；竹根可用于雕刻艺术品。

（3）竹材的类型。

竹材在产品设计中分为多种类型，包括传统原竹、竹集成材、重组竹、薄竹皮和竹展平板等。传统原竹主要利用竹材的丰富纹理来制作各类产品，如编织品、竹椅等；竹集成材是将竹片按特定方向组合成板材，根据竹片的纹理、色彩和结构分为多种类型，适用于各类家具；重组竹是通过高温、高压工艺补强后的竹质材料，具有高密度和高强度，适合高承载应用；薄竹皮通过旋切或刨切工艺制成，可作为高档贴面材料，色彩分为本色和炭化色；竹展平板通过展平竹筒保留自然竹节，适用于直接设计或深加工。这些竹材类型各具特色，为文创产品设计提供了多样化的选择。多层平压竹板见图4-4，本色平压竹皮见图4-5。

图 4-4　多层平压竹板

图 4-5 本色平压竹皮

图 4-6 《圆》

2. 竹材文创产品工艺

【竹材工艺】

竹材生长迅速且廉价易得，古人很早就学会将竹材加工成各类器物以满足日常使用的需求。随着生产力的发展，竹制器物的功能不断完善、种类不断丰富。本节通过对竹材文创产品的工艺进行探究，汲取其中的造物思想，挖掘传统与现代之间的连接点。

（1）连接方式。

传统竹制品的材料为原竹，连接方式主要是竹衬、竹钉等。现代竹制品的材料种类较多，包括竹集成材、重组竹和竹展平板等，采用榫卯连接或胶合连接。若使用薄竹片，连接方式主要为胶合，包括薄竹片与薄竹片的胶合，以及薄竹片与柔性材料（如无纺布）的胶合。中国传统木材加工工艺为现代各类产品的加工积累了丰富经验，尤其是榫卯结构，作为宝贵文化遗产传承至今，为现代竹制品的连接提供了参考。如图 4-6 所示，范承宗的作品《圆》的设计灵感来源于传统竹制家具的"包管"工艺，通过立体切割技术，实现了竹材在硬度、可塑性和弹性 3 个层面的转换，创造出一个既体现传统智慧又富有现代设计感的极简产品。该作品体现了从传统中汲取灵感，通过设计创新传承无形文化遗产的理念（图 4-6）。

（2）工艺表现。

为适应现代消费者的多元化审美需求，竹雕刻工艺正通过互联网和网络媒体不断丰富其表现形式，并与其他艺术形式融合。这种融合提升了产品的装饰性和艺术价值，同时在材料创新上展现出灵活性。将竹雕刻工艺与彩绘、填色或大漆工艺结合可增强产品的装饰美感，将竹材与玉石、金属等不同材料结合则可提升产品的附加值。设计师们通过多样化的工艺表现增强了产品的装饰美感，满足了消费者的审美需求，为竹材文创产品增添了艺术感。同时，设计师们对竹材的材料特性进行研究，重点关注具有显著特征的属性，如竹材的韧性在视觉上表现出的"张力"，在结构上表现出的"弹性"和"支撑性"。这些特性在文创产品设计中具有应用潜力，应得到我们的关注。骆毓芬通过其作品成功地促进了地方传统产业的复兴，并将本土文化推向了国际舞台，展现了设计在传统文化现代化转型中的重要作用。如图 4-7 所示，她以"竹包管"为灵感来源，运用数字加工技术深入探索并呈现了多样化的自然形态，创造出具有诗意的工艺美学，是对传统与现代融合的深刻理解与创新实践。

（3）色彩表现。

色彩作为竹材文创产品的关键装饰元素，对消费者的购买行为产生直接影响。天然竹材色彩自然，以其为原材料的竹产品具有质朴感。竹材的颜色随外部环境和生长周期而变化，可从绿色变为紫色再变为黄色，以竹材为原材料可增强产品的吸引力。竹产品通常以绿色和黄色为主，分别是新鲜竹材和晾晒后的竹材的颜色。为满足不同的审美需求，设计师可通过烟熏和炭化等方法改变竹材的颜色。多样的颜色能丰富竹材文创产品的审美效果，激发消费者的购买欲望。

（4）肌理表现。

竹子具有独特而丰富的肌理，这种特殊的肌理不仅满足了产品的功能性需求和造型需求，而且巧妙地展现了竹材的自然美感。竹材的肌理呈现出一种朴实而真实的质感，这种质感能够通过视觉和触感传达给消费者。在竹材加工过程中，不同的切割方法会使之呈现不同的肌理效果。纵向切割竹材时，可以看到竹材内部具有明

图4-7 《森物再造计划》

显的线条感；竹青区域线条紧凑有序，竹黄区域线条则宽松稀疏，呈现出不同的质感和硬度；竹节处曲折的纤维管束和大小不一的孔洞形成了独特的韵律感。横向切割竹材时，其内部呈现花瓣状的有规律的斑点，竹青处斑点小而紧密，具有粗糙、朴实的质感，肌理效果随切割角度的变化而变化。

4.2 金属材料文创产品

金属材料与文创产品的结合在现代设计领域展现出卓越的潜力。金属材料因其导电性、导热性、延展性等特性成为文创产品设计常用的材料。金属材料主要分为有色金属和黑色金属两大类。金属材料的坚固质感和多变色泽可为文创产品注入现代感和品质感。金属材料在各个领域都有广泛应用，设计师巧妙地将金属材料的特性与现代科技融合，充分发掘金属材料的质感之美，既创造了经济价值，又创造了艺术美感。不同类型的金属材料赋予文创产品不同的色泽，镀色膜技术为文创产品提供了多样的外观选择。各种工艺方法如拉丝、抛光、喷砂等为金属材料增添了肌理美感，进一步提升了材料的表现力。金属材料以其卓越的力学性能、多样化的成型工艺、丰富的表面处理工艺及独特的外观质量等特性，在人们的生产和生活中扮演着极为重要的角色，被誉为材料之王。如图4-8所示，黄铜书签就属于金属材料文创产品。

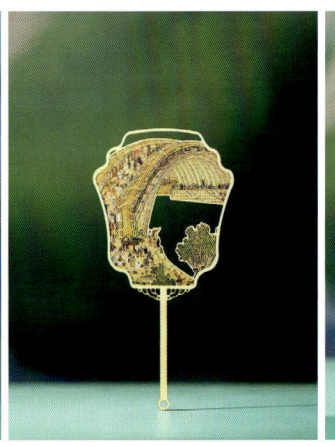

图4-8 黄铜书签

金属制品具有许多独特之处,首先在于其悠久的历史。如青铜制品,其色泽独特,具有力量感。青铜制品既是历史的见证,又是高档装饰品,象征着卓越的品质和品味。

4.2.1 铜工艺文创产品

1. 铜工艺文创产品概述

铜工艺在文创产品中的应用始于其与人类生活的密切关系,其独特的社会功能和文化品质体现在每一件铜制作品中。铜工艺不仅是一种造物的工艺,而且是文化的产物,包含了物质文化和精神文化的精华。铜工艺不仅是悠久的造物文明的体现,而且是不朽的精神文化的积淀。例如,铜镜因其精致装饰和卓越工艺而闻名,历代均有工艺创新。如图4-9所示,现代文创设计将铜镜这一传统元素融入书签中,赋予了传统物件新的功能,为阅读增添了时尚美感和丰富的文化内涵。当代铜工艺文创产品的应用,基于铜工艺的独特性和传承性,设计师运用创新设计手法,让铜工艺回归日常生活,提升其当代价值。

(1)文化与产业。

铜工艺植根于悠久的铜文化,承载着民族的历史审美和文化内涵,同时,铜工艺为现代工艺的创新与发展提供了强大的动力。文化创意产业的核心在于文化与创意的结合,其发展依赖于文化的传承和创新。与铜工艺一样,文化创意产业在追求工艺和技术的创新的同时,也需要在文化塑造方面展现深厚的底蕴和创新精神。根据文化基础和用户诉求来塑造新的产品设计方向和发展思路,已成为铜工艺与文化创意产业结合发展的必然要求。

(2)政策与技术。

铜工艺作为一种传统工艺,随着社会的发展而不断进步,能满足人们在生产与生活上的需求。现代大工业环境下,焊接技术、研磨技术、激光技术和数控雕刻技术不断进步,为铜工艺与文化创意产业的融合提供了新的动力和发展空间,从而确保铜工艺在传承中华优秀传统文化的同时,能够符合现代审美标准,满足现代生活需求。

(3)消费与需求。

随着生活水平的提高,人们的需求已从物质层面转向精神层面,越来越注重产品的文化特性和美学价值,这一转变促进了铜工艺与文化创意产业的融合。铜工艺凭借其深厚的文化底蕴和悠久的工艺历史,满足了人们对精神文化的需求,还将文化以产品形式融入日常生活。近年来,人们的消费观念发生改变,对具有文化内涵的创意产品的需求日益增加。人们对生活品质的追求不仅体现在对艺术品的关注上,还体现在对日用品品质的追求上。文化和创意的融入为铜工艺带来了新的生命,开辟了新的市场,持续推动铜工艺及文化创意产业的发展,满足了人们的物质需求和精神需求。

2. 铜工艺文创产品工艺

铜具有导电性、导热性、耐腐蚀性等特点,同时还具备良好的可塑性、延展性、耐用性、抑菌性和环保性,在文创产品设计中具有突出的优势。铜的物理特性赋予其丰富的色彩,使其广泛应用于建筑、家居等领域。铜表面光滑、色彩丰富、质地细密,不易受损变形,且具有天然的防腐保护作用,因此被视为环保装饰材料。在现代设计中,铜因其特性而产生独特的艺术效果,传统的铜材料与现代铜工艺及文化创意产品的结

图4-9　国博铜镜书签

合展现出独特的艺术魅力，能满足消费者对艺术感的需求。

（1）铜材料成型加工工艺。

铜材料的加工工艺较多，不仅包括现代的铸造、塑性加工、切削加工、焊接加工、激光切割和激光雕刻等，还包括传统的点刻技艺、烘炼技艺、叠镶技艺、蚀刻技艺、花丝技艺、珐琅技艺、三色技艺和制绿技艺等。这些工艺不仅赋予了铜材料多样的形态，还使其成为了艺术创作和文化传承的重要载体。铜材料主要加工工序见图4-10。

① 錾铜工艺。錾铜工艺是一种重要的铜材料成型加工工艺，通过特殊工具和技法在铜制品表面雕刻图案，既美观多样，又具有实用性。錾铜工艺过程复杂，包括铜板加热、剪贴图样、走线、锤击定型等多个环节。走线环节要求錾刻者具备较高的书画理解能力和操作水平，尤其在表现复杂图案时，更考验其技能。錾刻者根据设计图案和艺术感觉，用锤子敲击出立体纹路，展现出深厚的民族文化内涵和美学理念。

② 锻造工艺。锻造工艺在铜材料加工中起着重要作用。由于铜具有延展性，因此通过自由锻造、胎模锻造和旋压锻造等方法，可使铜材料展现出细腻的纹理和独特的质感。锻造工艺改变了铜材料的组织结构和力学性能，提升了铜制品的稳定性和材料利用率。相比其他加工工艺，锻造工艺灵活多变，便于保证制品的精度与光洁度，适用于单件生产和批量生产，可满足不同的加工需求。

③ 铸铜工艺。铸铜工艺较锻造工艺和錾铜工艺更为复杂。铸铜工艺的独特之处在于其卓越的复原能力，这一特点使其特别适用于高精细度艺术品的创作。铸铜工艺能够精确再现作品的细节和纹理，在制作复杂、精美的铜制品时表现出色，为艺术家和工匠提供了丰富多样且高质量的创作选择。

（2）铜材料表面处理工艺。

在铜制品制作过程中，表面处理工艺起着至关重要的作用，主要目的是对成型后的铜制品进行保护性和装饰性加工。这一过程不仅对铜制品表面进行美化处理，以满足人们的美学需求，而且提升铜制品的抗氧化性能。铜材料表面处理工艺分为表面着色和表面肌理两大类，都旨在增强铜制品的视觉效果和艺术价值，使之不仅满足功能性要求，更在外观上达到理想状态。

（3）铜材料形态与色彩。

现代铜制品融合了不同时期的造型和纹样，记录了审美的演变。现代铜制品在设计上注重美观性与实用性的结合，但日用品侧重功能性，装饰品强调艺术性。设计中常用的图案包括动物、植物、人物、吉祥纹样、佛教图案等，这些图案作为信息的载体，承载着个人情感、艺术理念和审美品位。在设计图案的过程中，可以通过简化、抽象、变形和重组等方式提取文化符号的精髓，使之与产品造型融合，表达特定含义。图案的设计需要与产品造型、材料和内涵相协调，不仅应造型美观，还应蕴含深厚的文化理念和民族精神。此外，产品的表面处理和色彩搭配作为视觉再设计的重要元素，具有强烈的象征意义。铜制品设计应充分展现色彩独特的意义，以满足现代审美需求。

（4）铜材料手法与创新。

铜工艺虽然复杂，但可以通过解构和再设计来实现突破和创新。比如，可以将传统的铜工艺流程拆分为不同部分，并选择其中的某一部分进行延展性再设计。例如，西魏时期的独孤信多面体煤精组印，是中国古代罕见的楷书阴文印章，其26个不同大小的印面具有实用性和艺术价值。这件文物不仅风格鲜明，而且设计精巧，体现了古代工匠的精湛技艺和创造力。图4-11所示为铜师傅品牌与陕西历史博物馆共同推出的文创产品，采用实心黄铜精铸。在铜工艺文创产品的设计中，可以采用结构设计的方法，简化传统铜工艺的制作流程，利用现代技术手段或其他工艺手段来辅助设计。例如，可以利用现代的热着色技术、电镀技术、烤漆技术等来实现铜制品的着色，还可以利用现代激光雕刻技术、金属腐蚀控制技术等进行辅助设计。铜制品拥有悠

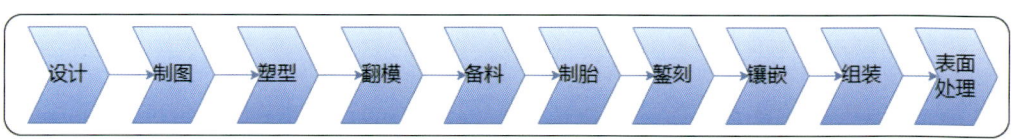

图4-10　铜材料主要加工工序

图 4-11　独孤信多面体煤精组印

久的历史，可以通过现代工艺和设计手法赋予铜制品新的生命和活力，使其焕发新的魅力。

4.2.2　银工艺文创产品

银工艺作为中国深厚文化传统的一部分，具有悠久的历史。特别是在云南地区，丰富的银矿资源促进了银工艺的发展与繁荣。自新石器时代晚期起，中国的银器制作便有成熟的技艺。传统的银工艺不仅深受各民族文化的影响，还在明代成为皇室贡品，而现代银工艺面临着创新不足的问题。为了使传统银工艺与现代社会需求相适应，可将其与文创产品设计结合，这样既能保留传统工艺的精髓，又能满足现代审美需求和实用需求。

1. 银工艺文创产品概述

（1）应用造型。

传统银器以其丰富多样的造型和精湛的工艺著称，其设计灵感主要来源于 3 个方面：对自然界的模仿、对传统器物的模仿，以及为提高使用便捷性的创新和改良。自然界事物多样，为银器工艺师提供了丰富的灵感。荷叶形托盘、蛇形手镯等都是以自然界中的事物为灵感来源的设计。同时，受陶瓷、青铜器等的影响，传统银器也融入了许多文化元素。白族银器是传统银器的代表，因种类繁多、纹样简洁、工艺精细而闻名，纯银九龙壶酒具等作品代表了白族银器的工艺水平。

苗族银角是一种具有深厚文化意义和美学价值的银饰品，其造型主要分为西江型、施洞型和排调型，其中西江型和施洞型在纹样上有相似之处。以西江型为例，其特点是以浮雕形式呈现双龙戏珠的吉祥图案，模仿水牛角的造型，体现了"以大为美"的审美特征。银角的设计遵循对称、平衡的原则，反映了苗族社会人人平等的观念。不同地区的银角在纹样上有所不同，如雷山地区多以蝴蝶、花草等自然元素为装饰纹样，展现了浓郁的民族特色。银角不仅是苗族文化的重要组成部分，而且是中国传统银器的璀璨明珠。

（2）装饰纹样。

传统银器的装饰纹样丰富多样，主要分为动物类、植物类、人物类、几何类、文字类及抽象类。动物类纹样包括饕餮、龙凤、麒麟、蟠龙等神兽纹样，鸳鸯、孔雀、老鹰等鸟禽纹样，鱼、龟、蟾蜍等水生动物纹样，以及蝴蝶、蜜蜂等昆虫纹样；植物类纹样包括梅花、兰花、竹子、菊花、荷花、牡丹、茶花、石榴花等花卉纹样，以及莲蓬、葫芦、葡萄、梨等果实纹样；人物类纹样包括神话人物和宗教人物；几何类纹样包括三角形、正方形、菱形、梯形等几何形状；文字类纹样主要是寓意吉祥的汉字，如"长命百岁""福禄寿喜"等，还有佛教的"卍"字纹；抽象类纹样是从自然界中提取并简化的纹样，如云雷纹、水波纹、环带纹、龟背纹等。这些纹样展示了独特的民族艺术风格，工匠们以对称、连续、重复或组合的方式将其巧妙地装饰在银器上，展现了高超的工艺技术。随着时代的发展和艺术风格的变化，人们对装饰纹样的审美也发生了变化。具象类纹样需要进一步修改以适应现代审美，而某些抽象类纹样在保持原有形态的同时，可以进一步优化表现手法，让传统银器得到现代诠释。

（3）象征意义。

苗族银饰以其深厚的象征意义著称，其设计理念"图必有意，意必吉祥"巧妙地将图形与吉祥寓意结合。在婚嫁首饰中，经常出现"鸳鸯"和"龙凤"等图案，象征着夫妻之间的恩爱与和谐。蝴蝶纹、螺钉纹、鼠纹等纹样具有独特的文化寓意，也表达了对生命的尊重。这些纹样不仅展现了苗族深厚的文化底蕴，也体现了苗族独特的审美。

（4）审美意义。

苗族银饰的审美价值深植于苗族人对自然和生活的热爱。银饰纹样的设计灵感源自大自然，如曲折的山脉、蜿蜒的河流、绽放的花朵、奔跑的羊群，这些纹样反映了苗族人对生活和劳动的敬意。工匠们对自然元素进行夸张、变化处理后，赋予银饰新的生命力和艺术感染力。银饰上常见的花、鸟、鱼等纹样，不仅外形美观，还具有深刻的文化寓意，表达了苗族人民对生活的美好愿景。纹样这种独特的审美表现形式，蕴含真挚情感和独特审美趣味，不仅深受苗族人民的喜爱，还引起了广泛的审美共鸣和艺术共振。

2. 银工艺文创产品设计与开发

（1）元素的提取与收集。

在将传统银器工艺与文创产品设计融合的过程中，造型创意元素的收集是关键环节。设计师需采用不同的调研方法来广泛收集素材，这不仅有助于拓展设计思路，也方便发掘更富创意的设计内容。为确保素材的多样性和系统性，设计师可以采用"三位一体"的收集模式：横向收集不同地区同一时期的银器造型，纵向收集同一地区不同时期的银器造型，以及深度聚焦银器的各个品类。

（2）素材的交叉应用。

在将传统银器工艺与文创产品设计结合时，造型素材的交叉应用是一个关键环节。设计师在收集素材之后，可以采用嫁接、抽象、夸张和融合等不同的设计方法来创造新颖的造型。嫁接法结合不同造型元素创造新形态，适用于造型语言简练的产品；抽象法通过简化或抽离真实客观事物的形态，并组织线条、色彩、形态等来表达美感，适用于造型复杂的产品；夸张法通过放大或缩小原有造型，制造强烈的视觉冲击力，创造新奇体验；融合法则围绕产品特点，改变并融合各类元素，使之达到和谐状态。玉龙戒指、手镯的设计灵感来源于新石器时代后期红山文化的玉龙，这个由墨绿色岫岩玉雕琢而成的玉龙，以其生动的造型和精美的雕琢被誉为"中华第一龙"。设计师以玉龙为创意来源，设计了造型简约古朴、充满趣味的系列首饰。这些首饰材质亲肤细腻，展现了神秘的东方气质，兼具实用性和美观性。（图4-12）

（3）打金工艺的交叉应用。

打金工艺的交叉应用是一种在金银器制作过程中融合国内外不同技术的创新方法。中西方在打金工艺上有显著差异，中国采用錾刻手法，而欧洲采用推刻手法。錾刻适用于制作立体图案，而推刻适用于制作平面图案。结合使用这两种方法能够创造出更加精致、丰富的

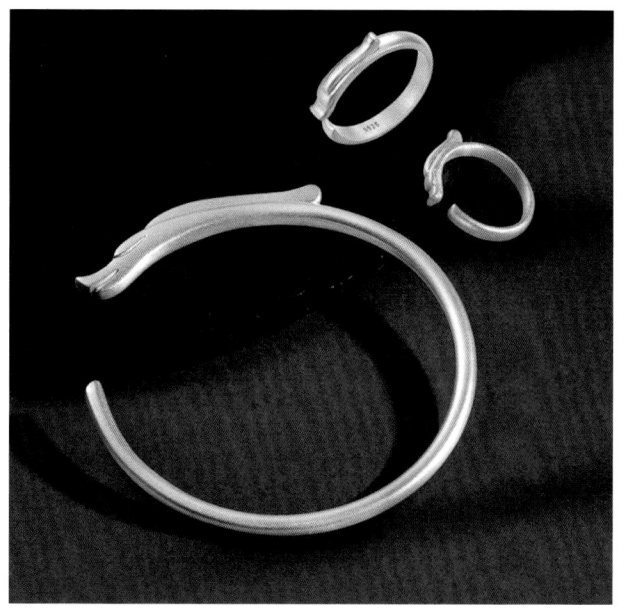

图4-12 玉龙戒指、手镯

图案。此外，不同金属材料的制作工艺存在差异，不同金属的熔点不同，也是制作技巧多样化的原因。在制作金属材料时，需要结合使用各类工艺以适应不同材料的特性。因此，打金工艺的交叉应用要求制作者掌握多种技能，并能创新运用于各类材料。

（4）材料交叉应用。

在银工艺文创产品设计中，材料物理形式上的交叉应用和材料化学形式上的融合是创新的重要方法，如使用不同材质的把手和盖可以增强银壶的隔热性，将木纹金工艺和乌铜走银工艺结合，可以创造出具有独特视觉效果的产品。如图4-13所示，杏林春燕手工团扇耳线，以清粉彩杏林春燕纹瓶为设计灵感，巧妙地将传统团扇与精美图案结合，使银、黄铜、螺钿等材料展现出独特的美学魅力和深厚的文化内涵。该设计寓意科举顺利、及第有望，是一件兼具美观性与文化意义的创意佳作。

（5）功能交叉应用。

产品功能的交叉应用是一种重要的设计方法，指对产品的实用功能和审美功能的交叉应用。实用功能指产品的实际使用价值，而审美功能指产品的美学价值。产品设计的核心是解决问题，功能是设计过程中需要首先考虑的问题。一件优秀的设计作品会在功能的数量上进行严格把控，根据用户的实际需求作出相应的功能取舍。产品功能的交叉应用主要表现为替代和附加两种形式。替代指用一种功能替代另一种功能，常见于新产品。例如，银制扇型发饰，将银制扇子的

图4-13 杏林春燕手工团扇耳线

降温功能替换为发饰功能。附加指在产品原有功能基础上增加其他功能，创造多功能产品。例如，在银制镇纸内部添加芯片使其成为U盘，这样的产品既有镇纸功能，又有数据存储功能，甚至可能因其独特造型而具有装饰功能。

（6）传统银器工艺和文创产品设计交叉应用的意义。

传统银器工艺与文创产品设计的交叉应用对于提升传统手工艺在现代市场的竞争力和吸引力具有重要意义。这种结合不仅满足了消费者对文化内涵和情感价值的追求，而且解决了传统手工艺产品设计缺乏创新动力和生产效率不足的问题。在现代市场中，传统银器工艺因生产周期长和产量低等局限性而缺乏竞争优势，文创产品设计以快速的创意更新和符合现代审美的设计理念为传统手工艺注入活力。结合专业设计师的创新设计、手工艺人的精湛技艺，以及有效的市场营销策略，可以大幅提升传统手工艺产品的经济效益和知名度，同时创造新的研发、生产模式，实现传统手工艺与现代设计的完美融合。

4.3 陶瓷文创产品

4.3.1 陶瓷文创产品概述

1. 陶瓷文创产品的概念

陶瓷作为中国传统手工艺品的精华，承载着丰富的历史和文化内涵，是中国古代智慧的结晶。陶瓷在古代是重要的交流媒介，如今仍是中国文化的代表。随着科技的进步，陶瓷的设计和制作方法经历了革新，更好地满足了现代审美和实用需求。陶瓷，分为陶器和瓷器，二者各具特色，反映了中国悠久的历史。景德镇是中国瓷都，陶瓷文化的传承和创新对于推动当地乃至全球文化交流和高质量发展具有重要意义。故宫博物院推出的文创产品拍拍灯，灵感源自乾清宫丹陛石上的应龙纹饰，象征着国泰民安和吉祥如意。这款拍拍灯以陶瓷材质精制，采用现代简约设计风格，融合了传统文化元素。应龙纹饰象征着国家的繁荣昌盛，体现了故宫深厚的文化底蕴和人们对美好生活的向往（图4-14）。当前，

图4-14 拍拍灯

陶瓷文创设计成为文创产业重要的发展方向，将传统工艺与现代设计理念相结合，可以创造出既实用又具有艺术价值的产品，使陶瓷在当代社会发挥更大的文化和经济价值。

2. 常见陶瓷制品分类

陶瓷制品可分为粗陶、细陶、半瓷器和瓷器等多个类别。粗陶是最原始的陶瓷类型，通常由易熔黏土制成。陶器分为普通陶器和精陶器，前者多孔且着色，后者则较为致密，烧成温度不超过1300℃。半瓷，也称"石胎瓷"，其坯体致密且已完全烧结，虽然近似瓷器，但尚未玻化，适用于现代机械化洗涤。半瓷器的坯料接近瓷器，但吸水率在3%～5%之间，性能略逊于瓷器。

瓷器是陶瓷制品的高级形式，其特征是坯体完全烧结和玻化，高致密性，无渗透性。陶器和瓷器的主要区别在于烧制温度和材质。陶器通常在700℃～1150℃烧制，质地相对松散，颗粒感明显，呈现古朴、自然之美。瓷器则需在1200℃以上的高温下烧制，质地细密坚硬，多样的装饰方式赋予其高贵、华丽之感。此外，瓷器还有软质瓷、熔块瓷和骨瓷等特殊类型，它们各有用途和特点，共同构成了丰富多彩的陶瓷世界。

4.3.2 陶瓷文创产品工艺

在陶瓷制品的成型工艺方面，拉坯成型、捏塑成型、泥板成型等手工技艺适合小规模生产，印坯成型和注浆成型等则适合工业化批量生产。陶瓷的装饰方式也多种多样，包括彩绘装饰、雕刻装饰、釉色装饰等，丰富的装饰方式使陶瓷在文创产品设计中得到广泛应用，增添了陶瓷的文化和艺术价值。

1. 注浆成型工艺

注浆成型作为陶瓷成型的一种基本工艺，拥有悠久的历史。这一工艺的流程相对简单，主要是将制备好的泥浆注入多孔模具内。由于模具具有吸水性，泥浆靠近模壁的部分会形成均匀的泥层。随着时间的推移，这层泥浆会逐渐加厚至所需厚度。将多余的泥浆倒出，泥层通过脱水收缩从模具中脱离，取出后形成毛坯。注浆成型适用于多种陶瓷制品，尤其适合形状复杂、不规则、壁薄、体积较大且尺寸要求不严格的陶瓷制品。常见的陶瓷文创产品如茶壶、花瓶、汤碗等都可以采用注浆成型工艺。

（1）空心注浆法。

将泥浆注入模具中，让泥浆在模具内停留一段时间，一旦形成所需形状，就将多余的泥浆倒出，随后进行带模干燥。当陶瓷件干燥收缩并从模具中脱离后，就可以将其取出，这就是空心注浆法。由于泥浆仅与模具的一个工作面接触，因此注浆件的外形依赖于模具工作面的形状，而注浆件的内表面则与外表面大致相似。陶瓷的厚度完全取决于操作过程中泥浆在模具中的停留时间，通常厚度较为均匀。如果需要加厚底部，可以采用二次注浆法，即先在底部注浆，待稍干后再进行全面注浆。空心注浆法常用于制作杯壳等空心制品。

（2）实心注浆法。

将泥浆注入石膏模型和模芯之间的空隙中，在这个过程中，与模型和模芯接触的两个工作面都在吸水，泥浆中的水分不断被吸收，逐渐形成坯体。由于水分的散失，泥浆量不断减少，需要持续补充新泥浆，直至空隙中的泥浆完全变成坯体。这就是实心注浆法，在这种方法中，坯体的厚度由模型和模芯之间的空隙大小决定，因此不会有需要倒出的多余的泥浆。

2. 可塑成型工艺

可塑成型通过施加各种外力来加工具有可塑性的坯料（泥团），使坯料在外力的作用下发生可塑变形，从而形成生坯。这种方法根据使用外力的不同操作技巧，可以分为雕塑、印坯、拉坯、滚压、旋压和注射等多种操作方式，主要用于制作日用陶瓷。在其他陶瓷工业领域，可塑成型还包括挤制、压制、轧膜和车坯等技术，这些方法各有特点，适用于不同类型的陶瓷制品生产。

（1）旋压成型法。

旋压成型法是日用陶瓷的主要制作方法之一，主要通过旋转的石膏模具和样板刀来实现成型。在操作过程中，先将经过真空处理的泥团置于石膏模中，该模具的含水率需保持在4%～14%。随后，将含泥的石膏模放置在辘机上，使其旋转，同时缓缓降低样板刀。由于样板刀施加的压力，泥料会均匀地散布在模具的内表面，多余的泥料则会黏附在样板刀上，需要手动清除。这一过程中，模具壁和样板刀旋转形成的空隙会被泥料填充，最终形成所需的坯件。

（2）滚压成型法。

滚压成型法是由旋压成型法演变而来的一种方法，将传统的扁平样板刀替换为回转型滚压头。在成型过程中，盛放泥料的模型和滚压头分别围绕各自的轴线以一定速度同向旋转。随着滚压头的旋转，它逐渐靠近装有泥料的模型，对泥坯进行滚动和压制以实现成型。泥料在成型时呈渐进式受力，且能够均匀展开，减少了破坏坯料颗粒原有排列的可能性，使坯体的组织结构更均匀。此外，由于滚压头与泥坯的接触面积较大，施加的压力较大，泥坯受压时间也相对较长，因此滚压成型法的坯体更加细密、强度更高。

（3）雕塑与手捏。

雕塑与手捏是陶瓷制作中古老而灵活的成型方法，尤其适用于形状特殊和小批量生产的陶瓷制品。例如，制作人物、鸟兽或多角形陶瓷制品时，常采用雕塑或手捏的方法实现成型。对于人物等形状复杂的产品，批量生产时，可以先进行雕塑，再通过翻模转为注浆成型。对于方形瓶类产品，可以先将泥料拍成大泥片，再切割成小泥块，干燥后采用刀具、尺子等工具进行切削，制作合适的样式，最后将泥浆坯片黏贴，使之组合成坯体。在现代，紫砂壶产品仍采用雕塑或手捏的方法成型。雕塑或手捏的手工程度较高，文创产品类型较为丰富。

（4）印坯。

印坯是一种在模型中用可塑软泥翻印制作陶瓷制品的方法，适用于形状不对称、精度要求不高的制品。对于那些表里两面都有固定形状或凹凸花纹的制品，通常采用阴阳模型压制成型，或者使用两片模型进行压制，然后用泥浆将两个坯体黏合。印坯的优点是不需要机械设备就可以形成坯体，缺点是生产效率较低，且容易产生废品。

（5）拉坯。

拉坯是一种传统的陶瓷成型方法，由技术熟练的工人在人力或动力驱动的轮盘上手工操作来制造生坯。这种方法要求坯料具有一定的延展性，因此坯料通常含有较多的水分。制作过程中，工人将泥料放在轮盘上，用浸湿的手掌捧住泥料，并随轮盘转动上下移动，通过揉捏使泥料均匀分布。接着，根据产品要求，手捏或使用竹片、木质样板等工具来刮削，以获得所需形状。圆形制品如花瓶、坛子及管型制品都适合通过拉坯制作。拉坯的优点是设备简单，但技术要求高、产量较低、劳动强度大、成品精度较低，容易产生变形。

3. 陶瓷装饰纹样应用

陶瓷装饰纹样在陶瓷艺术中占据着极其重要的地位，它表达了设计师艺术审美观念，反映了设计师的美术功底。在陶瓷文创产品的设计过程中，许多设计师会投入大量时间来创作独特的装饰纹样，这些纹样在设计中扮演着关键角色。从设计实践来看，植物纹样和几何纹样是应用最广泛的两种纹样类型。

（1）植物纹样。

在陶瓷文创产品的设计中，广泛运用的植物纹样有牡丹、莲花、竹子、梅花、桂花、柳枝等。这些纹样之所以受到欢迎，不仅因为其美学价值，还因为其特殊的象征意义。如图4-15所示，喜上眉梢花瓶灯，不仅可以作为照明设备，还可以作为花瓶。该产品采用羊脂玉瓷材料，其特有的烧制工艺使成品质地温润如羊脂白玉，十分珍贵。该产品通体采用冰裂梅花纹的内雕技艺，使得灯光透过薄胚时仿佛梅花悄然绽放，自带调光功能，可满足多种照明需求。该产品的设计灵感来源于清乾隆时期的青玉勾云纹宝月瓶，讲述喜鹊传递冬梅至人间的传说，寓意吉祥与喜乐，表达四季花开的美好愿景，是将传统文化精神与现代生活美学融合的创意产品。如今许多传统植物纹样被赋予新的时代内涵，这些纹样在陶瓷文创产品设计中的应用，不仅展示了传统文化的魅力，而且体现了现代审美和文化创新。

（2）几何纹样。

几何纹样在陶瓷文创产品中是重要的装饰元素，常见的有回纹和八宝纹。设计师在使用这些纹样时，需要将个人理解融入其中，赋予其新的意义。回纹由"回"字形图案构成，现代设计师常对其进行创新设计，如对其进行二方或四方连续排列等，但在当代陶瓷文创产品中，回纹通常作为辅助装饰纹样，用于戒指或戒圈等小型饰品。八宝纹具有深刻的文化寓意，象征着对美好生

图4-15 喜上梅梢花瓶灯

活的追求。八宝纹一般由 8 种吉祥物或器物环绕而成，是较为复杂的几何纹样，设计和烧制都具有挑战性。设计师在应用八宝纹时，不仅要注意其形态，还要进行适当的调整，将其融入现代创作中，以增强产品的时代感和丰富性。陶瓷文创产品不仅展示了传统文化的独特魅力，还融入了现代审美和文化创新精神。

4. 陶瓷的上釉工艺

陶瓷制品有多种加工方式，其中上釉能够显著提升其外观效果。釉是一层附着在陶瓷坯体表面的连续玻璃质层，或是玻璃体与晶体的混合层。将矿物原料（如长石、石英、滑石、高岭土等）与化学原料按一定比例混合可制成釉浆，将其施于坯体表面并经高温烧制即可完成上釉。釉不仅能增加陶瓷制品的机械强度、热稳定性，还能美化外观、防止尘土侵蚀。

中国的瓷器制造历史悠久，对陶瓷文创产品设计的探讨应涵盖时代的广度和学科的深度。设计本质上是为了满足人类的复杂需求，这涉及心理学、设计学、美学等多个领域。当代陶瓷文创产品设计应重视生态保护，关注产品的艺术形式和文化表达。设计师在创作时，需结合商业价值、人文价值和生活理念进行考虑，挖掘产品的实用性和审美价值，为消费者提供具有深刻文化内涵和艺术审美价值的陶瓷文创产品，从而将文化遗产与现代生活方式完美融合。

4.4 纸质文创产品

4.4.1 纸质文创产品概述

1. 纸质文创产品的概念

纸质文创产品，以纸为主要原料并辅以其他材料。纸质文创产品的特征是文化性、可塑性和环保性。纸作为一种历史悠久的材料，承载着丰富的时代和地域文化内涵，这使得纸质文创产品拥有独特的文化属性。设计上，纸质文创产品多基于传统文化进行创新，展现出鲜明的文化特色。纸材料柔软、可折叠、易变形的特性赋予了纸质文创产品便携性和可塑性。此外，由于纸是一种由植物纤维制成的环保材料，纸质文创产品在当代社会的可持续发展中发挥着重要作用，满足了人们对环保和文化的双重需求。

2. 纸材料的独特性

不同材料具有不同的特性，每种材料都在以其特有的方式讲述着各自的故事。金属以其坚硬质地象征坚毅，木材以其朴实质感象征朴素，玻璃以其透明质感象征纯洁。纸在材料世界中具有特殊地位，它既可以轻薄又可以厚重，既可以柔软又可以坚硬，展现出极强的可塑性。纸材料能够有效结合现代科技与传统手工艺，创造出精致的产品。与金属、木材、玻璃相比，纸材料在设计上的门槛相对较低，更容易将创意思维和技术转化为现实，促进各种创意产品的诞生。同时，纸张的轻柔特性使其便于制作小巧、精致且便携的文创产品，这在一定程度上有利于文化的传播和发展。因此，纸材料在文创产品设计中扮演着重要的角色，不仅为设计师提供了广阔的创作空间，而且为文化的传承与创新提供了有力支撑。

3. 纸质文创产品的基本特征

纸质文创产品因其独特的特征在文化创意产业中占有重要地位。文化性是纸质文创产品的核心特征。纸与金属、木材等材料相比，具有更浓郁的文化气息。经济性是纸质文创产品的重要特征。纸材料成本相对较低，可使纸质文创产品在保持较高文化价值的同时，也具备较高的性价比，容易获得人们的喜爱。环保性是纸质文创产品的另一重要特征。纸材料易降解且可回收利用，符合当代可持续发展的环保要求。可塑性也是纸材料的突出特征。纸材料柔软、易于折叠和成形，与金属、木材等硬质材料相比，纸材料在设计制作方面更为灵活和便捷。纸质文创产品的轻便性使其特别适合作为旅游纪念品，这一特征提升了纸质文创产品的市场接受度和占有率。纸质文创产品凭借其文化性、经济性、环保性、可塑性和轻便性，在文创产业中占据着重要的地位，受到消费者的青睐。

4. 纸质文创产品的类型

市面上的纸质文创产品主要分为六大类：文化用品类、生活家居用品类、益智玩具类、工艺品类、个性产品类和环保类。文化用品类包括便签本、书签和笔袋等，实用且富有设计感。生活家居用品类包括纸扇、油纸伞、创意纸家具和纸灯等，展现了纸材料的多样性与实用性。益智玩具类如拼图、折纸玩具等，以创意性和探索性吸引青少年和儿童的购买兴趣。工艺品类包括剪纸、折纸等传统艺术形式，可融入现代艺术元素，创造出独特的装饰效果。个性产品类通过结合现代技术与传统艺术手法，如 3D 打印、绘画和拼贴，使纸张化身为立体且富有生命力的精致艺术品，体现个性化设计理念，满足现代消费者的精神需求。例如，海南特产椰子饭的纸质包装盒外形独特且实用性强，不仅提升了用户体验，而且体现了对消费者的人文关怀。这种以消费者为中心的设计思维，是未来纸质文创产品设计的重要方向。环保类强调使用再生纸张和传统手工艺技术，以顺应当下环保潮流，赢得消费者的青睐。整体而言，纸质文创产品类型多样，凭借独特的文化内涵和创意设计，在市场上占据一席之地，满足了消费者多样化的需求。

4.4.2 纸质文创产品工艺

纸质文创产品工艺如下。

1. 基本工艺

（1）折叠。

折叠技法在纸质文创产品设计中发挥着重要作用，它利用纸张的易弯曲特性，创造性地将平面材料转化为立体形态，丰富了产品的造型和功能。如图 4-16 所示，折纸书灯利用折叠技法模拟孔雀开屏，采用耐用的杜邦纸材料，既有实用性又具装饰性。

（2）雕刻。

纸雕是中国传统手工技艺，从最初的手工刀雕发展到现代的激光雕刻技术，为纸质文创产品设计提供了丰富的创意空间。例如，南京牛首山文化旅游区的立体便签本和中国国家博物馆的中秋月饼纸盒，便是纸雕艺术与文创产品设计的完美结合。这些作品不仅体现了纸雕的独特艺术魅力，还增强了产品的文化叙事性，展现出纸雕在现代文创产品设计中的重要作用和发展潜力。如图 4-17 所示，该全景纸雕日历采用激光雕刻技术制作，以天坛祈年殿为灵感，不仅外形美观，而且具有创意。通过简易的一键操作，即可开启梦幻般的灯光效果，为用户带来独特的视觉体验。随着日历便签页被撕开，精致的纸雕画面逐渐呈现，将传统文化元素以全新的形式呈现在用户眼前，是实用性与艺术性的完美结合。（图 4-17）

（3）纸浆成型。

纸浆成型技术在文创产品设计中展现出广泛的应用潜力。纸浆，主要由回收的废纸制成，不仅成本低廉，而且资源丰富。原本用于包装的纸浆成型产品，现已广泛应用于家居领域，展现出令人惊喜的艺术效果。例如，裕同设计公司的山外山古茶树礼盒，利用纸浆成型技术立体复原古茶树形象，给用户带来强烈的视觉和心理体验。如图 4-18 所示，设计师张雷的作品《固》以天然纸浆纤维和竹纸为原料，采用了古老的纸浆成型工艺。

图 4-16 折纸书灯

图 4-17 全景纸雕日历

图 4-18 《固》

（4）染色。

纸的染色技法多种多样，一些手工染色技法具有不确定性，赋予了纸质文创产品实验性特征。手工染色技法主要分为两种，一种是湿拓染色技法，即"浮水染色技法"，让颜料在液体表面自由流动形成多种图案，通过覆纸染色得到纸本、扇子等具有独特艺术美感的文创产品。另一种是糊染技法，即利用糨糊给纸张染色，创造图案和纹理。糊染技法操作过程灵活，呈现效果立体，自16世纪以来一直广泛应用于纸品。此外，传统的植物染色也因手工纸原料的差异而呈现实验性，纸的厚度、酸碱度均影响颜色的显示效果，而不同的染色手法也会产生不同的效果，如浸染出的颜色一般较为均匀，而晕染出的颜色则变化较大。以传统手工纸为材料，运用植物染色方法制作的文创产品具有清新淡雅的色彩，展现出独特的装饰性和实验性。

2. 平面工艺

纸质文创产品的平面工艺体现了纸材料的艺术多样性。剪纸艺术，作为中国非物质文化遗产，在文创产品设计中占据重要位置。例如，梁巧艳创作的"不怕水剪纸"系列，充分发挥剪纸的艺术性与实用性，创造出抱枕、瓷器、画框等多种文创产品。

3. 立体工艺

在纸质文创产品的立体工艺中，折纸艺术以其悠久的发展历史和成熟的工艺在全球享有盛誉。例如，武汉博物馆推出了手绘DIY立体明信片，设计师采用立体折纸技术，结合文物细节纹样，将明信片变成立体艺术品。明信片上还附有博物馆珍品介绍，具有文化传播功能。苏州博物馆也推出了具有地方特色的折纸文创产品，增强了地域文化的知名度。图4-19所示为设计师梅数植的作品《线》，其灵感来源于手工缝纫工具包。设计师通过改良民间折纸技艺，为人们提供了在图像中重塑故事线索的体验。作品从开始创作到完工历时两年，采用渲染色卡黑纸、青蛙灰板和黑布等材料，展现了设计师对传统手工艺和历史记忆的深刻理解与创新转化。折纸工艺为纸质文创产品增添了现代感和互动性，使其更贴近现代消费者，同时推动了传统文化的传播和文创产业的发展。

纸质文创产品以纸质材料的文化性、可塑性和环保性为基础，结合现代技术和传统工艺进行创意设计，为文化资源注入活力，使之形成具有高附加值的产品。纸质文创产品正在文创产品市场崭露头角，开辟新领域，同时为其他文创产品树立了榜样。设计师应创新设计思路，为纸质文创产品设计更年轻化的形式，拓展其市场。

总体来看，纸材料在我国的文创产品设计中发挥了重要作用，展现出强大的发展潜力。纸材料与文创产品结合已成为必然的发展趋势，设计师应当抓住这一机遇，设计开发更具文化底蕴的纸质文创产品。

探讨"工匠精神"在中国传统工艺传承与文化创意产品设计中的重要性。

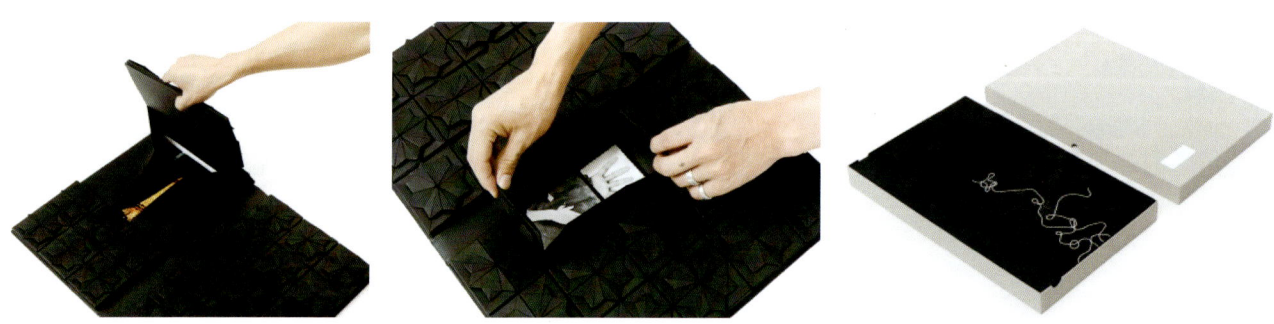

图 4-19 《线》

习题

一、实践训练

设计一款文化主题的陶瓷器具,体验从调研到实际制作的全过程。

完成对中国陶瓷文化的深入调研,包括陶瓷的发展历史、种类、特色及文化地位。调研陶瓷制品在工业和日用品领域的应用,探讨其设计和功能性。基于调研结果,设计一款具有文化特色的陶瓷器具。最终提交的设计文件包括设计概念、草图、效果图及使用场景说明。

要求学生结合个人设计展开材料试验,注意思维的连续性,以形成个人的思考论证。具体包括以下环节。

(1)设计方案制作。

(2)设计作品评估。

考核评价标准:分析能力、动手能力、综合设计能力、工作态度。

二、小组讨论

以小组为单位讨论"工匠精神"在中国传统工艺传承与文化创意产品设计中的重要性。

第 5 章
传统文化与文创产品

教学目标

(1) 了解并掌握民俗文化在文创产品中的应用。
(2) 了解并掌握民间工艺在文创产品中的应用。
(3) 了解并掌握非遗在文创产品中的应用。

【本章教学框架】

教学要求

知识要点	能力要求	相关知识
民俗文化与文创产品	(1) 了解民俗文化与文创产品的联系 (2) 掌握民俗文化在文创产品中的应用	民俗文化
民间工艺与文创产品	(1) 了解民间工艺的概念 (2) 了解民间工艺在文创产品中的应用	民间工艺
非遗与文创产品	(1) 了解非遗的概念 (2) 了解非遗与文创产品的关系 (3) 掌握非遗文创产品设计的原则与方法	非遗

推荐阅读资料

（1）徐玲，李硕.中华优秀传统文化元素在文创产品设计中的应用[J].鞋类工艺与设计，2023，3（13）：70-72.

（2）盛卓立，孙琪，王慧敏.博物馆文创产品的设计与开发[J].包装工程，2023，44（12）：400-402.

（3）刘俊吉，李硕.基于传统文化元素的文创设计研究[J].天工，2023（7）：73-75.

基本概念

当今时代，经济发展水平与人们的思维认知均有飞跃式提高，而人们对历史文化传统的主观追求意识日益淡薄，转而更倾向于追求创新且前卫的事物。这间接导致了人们对产品品质要求的提高，产品设计不仅要满足功能性需求，还要在视觉审美上满足大众的心理需要。文创产品潜力巨大，但是如何将传统文化与创新设计结合是一大难题。

以传统文化为基础的文创产品，是随着人类历史的发展、进步，在技术和经验累积到峰值时的必然产物，也是文化创意产业最重要的组成部分。设计师在对传统文化进行深度剖析后将其精髓整合并重构，结合时代特点、大众审美标准等因素，在普通的产品中加入新的文化元素，"再创造"出文创产品。文创产品区别于一般产品，它不仅是具有使用功能的商品，而且是蕴含了精神文化、艺术灵感的有机产品，其精神层面的价值远大于功能性价值。文创产品在满足了人们基本物质需求的同时也满足了人们的精神需求，能重新唤醒人们的民族归属感和文化认同感，对于文化的传播和经济的发展都有良好的促进作用。中国发展历史悠久，中华优秀传统文化仅靠语言无法阐述清楚。中华优秀传统文化对文创产品而言是无可替代的天然宝库，将中华优秀传统文化和文创产品结合可以创造更具民族特色的产品。

引例：基于中国传统文化的文创产品设计

随着中华优秀传统文化的传播，越来越多的文创产品出现在市场上。文创产品融入了文化元素，满足了消费者的审美需求并提升其文化认同感。基于中华优秀传统文化的文创产品设计，不仅可以展现中国深厚的文化底蕴，还可以提升产品的价值和品位。

1. 设计元素

中华优秀传统文化是一个庞大而有深度的文化系统，其元素非常丰富。基于中华优秀传统文化的文创产品设计，应该尽量选择有代表性的元素，并将元素与产品自身的特点融合在一起。如服饰、器皿等元素都可以作为产品的设计元素。在元素的选择和运用过程中，设计师需要考虑产品的风格、用户的喜好和文化的传承与创新等。

2. 产品形态

基于中华优秀传统文化的文创产品设计，可以选择传统的形态，也可以进行创新设计。传统的形态可以直接体现中华优秀传统文化的魅力；创新设计则可以将传统元素融入现代化设计中，适应现代人的审美需求。例如，以传统瓷器为灵感的保温杯，不仅具有传统文化的韵味，还具有实用性和审美性。

3. 文化内涵

基于中华优秀传统文化的文创产品设计需要融入丰富的文化元素，使产品具有更高的价值。在设计过程中，设计师可以考虑融入古典诗词、寓意深刻的图案和符号等元素，以体现中华优秀传统文化的深厚底蕴。例如，一款搭配古诗词的手表，可以使用户在看时间的同时，领略中国古典文学的魅力。

4. 文化传承

设计师需要有责任心，自觉传承中华优秀传统文化。设计师可以通过与相关文化机构合作，了解传统文化的内涵和发展历程，以便更好地将中华优秀传统文化融入产品设计。

总之，基于中华优秀传统文化的文创产品设计，需要充分考虑设计元素、产品形态、文化内涵和文化传承，使产品更具深度和价值。

5.1 民俗文化与文创产品

5.1.1 民俗文化与文创产品的联系

1. 民俗文化的价值

我国各民族共同创造了灿烂辉煌的民俗文化，民俗文化是各民族智慧的结晶。民俗文化通过人们的生活习惯、娱乐活动等进行传承和创新。民俗文化既是社会意识形态，又是历史遗产。

民俗文化作为一种兼具地域性和民众参与性的文化形态，蕴含着丰富的文化内涵和多元的社会价值。传统节庆、典礼、习俗等都是民俗文化的重要组成部分，它们反映了社会的历史、信仰、价值观。文创产业可以使民俗文化得到传承与发扬，也可以将民俗文化以创意的方式呈现给现代社会，激发人们对于民俗文化的兴趣和认同感。

然而，现代社会的快速发展使得民俗文化的口头传承变得困难，许多传统知识、技能和仪式已失传。在文创产业与民俗文化融合的过程中，应通过创新的方式诠释民俗元素，赋予其新的形式，为民俗文化注入活力。

2. 民俗文化的应用

在将民俗元素应用于文创产品时，有多种主题可以选择，包括传统节日、传统手工艺、民间故事、民间美食、民间舞蹈等。选择合适的民俗元素是进行创意设计的首要步骤，这要求设计师深入了解各种元素的文化背景、象征意义及其在传统社会中的应用。设计师需要将传统元素与现代审美结合，创造出新颖的、充满魅力的文创产品。

如图 5-1 所示，设计师以传统节日端午节为主题进行文创设计，通过融入龙舟、粽子、粽叶等端午节传统元素，设计出具有现代时尚感的文化创意产品，既保留了传统节日的文化内涵，又吸引了年轻人的关注。

5.1.2　民俗文化在文创产品中的应用

1. 以传统节日为主题的文创产品

文创产品在丰富传统节日体验方面具有重要作用，设计师通过创意设计和现代技术手段为传统节日注入新的活力和意义，使人们在庆祝传统节日时能够获得更丰富、更深刻的体验。

（1）春节文创产品。春节文创产品设计通过重新演绎传统节庆元素，赋予其现代化的视觉表达和情感表达，使传统节庆元素呈现独特的艺术效果。手绘年画是春节节庆元素之一，画中的祥瑞图案寄托着人们美好的愿望。在现代，设计师将手绘年画与现代艺术结合，创作出独特的春节主题手绘年画。如图 5-2 所示，手绘年画可以用作包装、贺卡等，这些新颖又有趣的设计，在传统与现代之间搭建起文化的桥梁，让人们感受到春节的喜庆氛围。如图 5-3 所示，春节创意剪纸将春节元素

图 5-1　端午节文创产品设计

图 5-2　手绘年画的包装

【春节文创产品】

图 5-3　春节创意剪纸

用抽象线条和几何图形展现，突显现代感。传统春节美食如年糕、腊肉等也可以作为设计元素融入节日礼物包装，传递节日祝福。此外，设计师可以将春节元素与其他民俗元素结合，创造出具有传统文化底蕴和现代时尚感的跨文化产品，丰富春节文创产品的形式，促进文化交流，实现文化沟通和共享。图 5-4 所示的春节主题木雕是将春节元素与木雕艺术结合的典型产品。

春节文创产品通过创意表达形式打破了人们对传统文化的刻板印象，使年轻人更愿意了解和传承春节传统。文创产品的设计常涉及跨界合作，设计师应结合不同领域的专业知识和技术，赋予传统文化新的意义和表达形式，推动文创产业的发展，为传统文化的传承与创新提供更多可能性。

（2）中秋节文创产品。中秋节是中国重要的传统节日。设计师通过创新设计将中秋节元素融入现代生活，为传统节日注入新活力。如图 5-5 所示，设计师将中秋元素融入月饼礼盒包装，使节日礼品更具创意性，赋予了传统美食新魅力。

如图 5-6 所示，在创新理念的引导下，月饼的外观、口味和包装都发生了变化，月饼被设计成可爱的动物形

图 5-4　春节主题木雕

图 5-5　中秋节月饼包装

图 5-6　花式月饼

2. 以传统习俗为主题的文创产品

传统习俗指人们在社会生活中逐渐形成的，从历史中沿袭下来的，具有稳定性的社会风俗和行为规范。传统习俗已同民族情绪和社会心理密切结合，成为人们自觉或不自觉的行为准则。传统习俗和文创产品之间存在着密切的关系，文创产品可以通过创新的方式赋予传统习俗新的生命和价值。

设计师通过手工制作的方式将舞龙、舞狮等元素融入各种工艺品，鼓励人们了解并体验传统文化。以舞龙、舞狮为主题的工艺品有多种形式，包括纸雕、陶瓷、木雕、刺绣等，每种工艺品都呈现出独特的风格。

刺绣是一种古老而精湛的工艺，可以表现丰富的图案、色彩和纹理。将刺绣工艺与舞龙、舞狮形象结合，不仅可以传承传统文化，还可以赋予其新的艺术生命。以舞狮为主题的刺绣如图 5-7 所示。

象，并融入故事元素。文创产品加深了人们对中秋文化的理解，让月饼成为人们了解中秋文化的窗口。品尝月饼时，人们仿佛置身于一个个中秋故事中，这为节日增添了更多趣味。

【中秋节文创产品】

舞龙、舞狮是传统节庆的重要表演形式，具有独特艺术魅力，而刺绣工艺则能再现其形态，通过错落有致的线条表现富有动感的形象。在舞狮刺绣文创设计中，设计师通常选择细腻的织物如绸缎、棉布等作为基材，以确保刺绣效果逼真。舞龙、舞狮在中国文化中具有重要象征意义，将其以刺绣的形式呈现，能创造兼具传统文化内涵与时尚艺术价值的作品。

中秋节的文创产品赋予传统文化元素新的生命力，在文化传承与创新之间架起桥梁，增强了中秋文化的活力。这种创新为人们带来全新的节日体验，使节日的庆祝形式更为多样化，同时吸引更多人参与。创意月饼、文化展览和中秋主题艺术品成为人们表达情感、分享欢乐的媒介，也加深了年轻一代对中秋节的理解和认同。此外，中秋节文创产品在国际舞台上展示了中国文化的独特魅力，成为连接中外文化的纽带，逐渐获得全球认可。

木雕是一种古老的工艺，通过雕刻的形式使木材呈现立体形象、细腻纹理和丰富细节。木雕多使用天然木材，保留了木材的自然纹理和质感，具有古朴的氛围。如图 5-8 所示，木雕的精髓在于细节处理，可使舞龙、舞狮的神态和动作得以精准表现，塑造出生动的形象，深化人们对舞龙、舞狮文化内涵的理解。如图 5-9 所示，设计师将舞狮元素融入文创产品，让传统文化焕发新的活力。

图 5-7　以舞狮为主题的刺绣

【醒狮文化】

图5-8　以舞狮为主题的木雕

图5-9　融入舞狮元素的包装

民俗文化通过文创产品在国际舞台上焕发光彩，不仅吸引了不同文化背景的受众，还促进了文化的交融。设计师通过创新，将民俗文化融入现代创作，使文创产品既具有传统文化内涵又符合现代审美。民俗与文创的融合不仅是对民俗文化的传承，更是创造性转化，为民俗文化内涵的丰富、创新发展和多元交流提供了新途径。

5.2　民间工艺与文创产品

5.2.1　民间工艺的概念

民间工艺指在某个地区或社会群体中代代相传的手工艺制作技术和技能。民间工艺通常以传统的方法、材料和工具为基础，通过口口相传、师徒传承的方式传递给后代，保留了特定文化和社会群体的独特传统，具有深厚的文化和历史背景。如图5-10所示，民间工艺包括陶瓷、木雕、刺绣、纺织、编织等形式。这些工艺技术通常在家庭、社区或小规模的工作坊中得到传承和发展，发挥着维护文化传统、创造艺术作品、促进经济发展的作用。

民间工艺是中国历史和文化的珍贵遗产，是中华民族智慧和创造力的结晶。我们要全力做好中华文化探索等重大课题研究，深入挖掘我国悠久、灿烂的民间工艺，精准阐释民间工艺的丰富内涵和核心价值。

民间工艺具有以下特征。

（1）传承性。民间工艺通常具有传承性，通过师徒关系或家庭关系传承。传承性使得民间工艺不会因时间的流逝而失传，人们可学习和发扬这些工艺，使其适应现代社会。

（2）反映文化传统。民间工艺反映其所属地区特有的文化传统，展现该地区的文化特色。民间工艺是人类文化遗产不可或缺的一部分，具有极高的历史价值和文化意义。

（3）手工制作。民间工艺通常采用手工制作的形式，因为古代科技水平有限，制造工具种类较少，大部分人依靠手工劳动生活。手工制作丰富了人们的日常生活，也体现出民间工艺高超的水平。

（4）使用当地的材料和工具。民间工艺的材料和工具大多具有当地特色。材料一般是当地独有或者大量存在的，具有一定的特殊性；制作工具也是当地常使用的

图 5-10 民间工艺

工具。材料和工具是民间工艺不可或缺的组成部分。

（5）功能性和装饰性。民间工艺产品一般分为两种，一种是功能性产品，另一种是装饰性产品。人们根据使用需求创造产品，在满足基本物质需求之后，便开始了精神上的追求，创造出具有装饰性的民间工艺产品。

（6）地域性。民间工艺通常具有地域性，反映不同地区的风土人情。地域性受到自然气候、宗教信仰、社会结构、历史背景等多个方面的影响。比如，寒冷的地区往往会出现用于保暖的工具或服饰；再如，"靠山吃山，靠海吃海"这句俗语流传至今，体现了大自然带给人们的影响，这种影响涉及生活的方方面面。

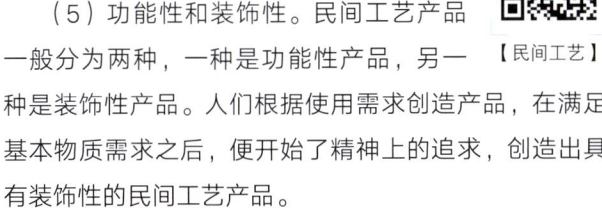
【民间工艺】

5.2.2 民间工艺在文创产品中的应用

中国民间工艺类型多样，许多民间工艺已经在文创领域得到了应用和发展。具体案例如下。

（1）蓝印花布。蓝印花布是中国传统印染工艺品，工艺历史悠久。如今，蓝印花布不仅可以用来制作服装和家居用品，还可以用来制作箱包、配饰。图 5-11 所示为蓝印花布猪猪配饰，设计师将民间工艺与现代时尚元素结合创造出这一独具特色的配饰，深受年轻人的喜爱和追捧，让古老的工艺重新焕发活力。

图 5-11 蓝印花布猪猪配饰

（2）陶瓷艺术。中国陶瓷制作历史悠久，设计师将传统陶瓷工艺与现代审美结合，创作出独特的艺术品。如今，新型陶瓷艺术流行起来，瓷器不仅是精美的摆件，而且是人们表达自我的一种独特方式。陶瓷艺术品如图 5-12 所示。

（3）剪纸艺术。剪纸是一种用剪刀或刻刀在纸上剪刻花纹，用于装饰环境或配合其他民俗活动的民间工艺。现代剪纸艺术家创造了各种剪纸作品，将传统工艺技巧应用于现代艺术创作中。剪纸扑克牌如图 5-13 所示。

（4）茶具和茶艺品。中国的茶文化历史悠久，茶具和茶艺品也是民间工艺的一部分。设计师对传统茶具进行创新设计，使其展现出新的艺术魅力（图 5-14）。

图 5-12　陶瓷艺术品

【陶瓷工艺】

图 5-13　剪纸扑克牌

图 5-14　茶具

5.3　非遗与文创产品

5.3.1　非遗与文创产品概述

1. 非物质文化遗产

非物质文化遗产，简称"非遗"。在中国，非物质文化遗产指各族人民世代相传，并视为其文化遗产组成部分的各种传统文化表现形式，以及与传统文化表现形式相关的实物和场所。非物质文化遗产是人类文明的结晶，承载着人类的智慧。

中国非物质文化遗产代表性项目名录十大门类分别为：民间文学，传统音乐，传统舞蹈，传统戏剧，曲艺，传统体育、游艺与杂技，传统美术，传统技艺，传统医药，民俗。具体内容如下。①民间文学：苗族古歌、童谣等。②传统音乐：古琴艺术、蒙古族长调民歌等。③传统舞蹈：秧歌、龙舞等。④传统戏剧：豫剧、黄梅戏等。⑤曲艺：苏北大鼓、陕西快板等。⑥传统体育、游艺与杂技：藏棋、无极拳等。⑦传统美术：藤编、鲁绣等。⑧传统技艺：北京蒙镶技艺、周村丝绸染织技艺等。⑨传统医药：中医诊疗法、中药炮制技艺等。⑩民俗：朝鲜族百种节、纳西族三多节等。

2. 非遗文创产品

一般情况下，我们将非物质文化遗产融入文化创意产业，然后将设计、生产、销售出来的产品称作非遗文创产品。在经济全球化背景下，人们更加关注产品的创新发展，所以一些设计师选择将"非遗"和"文创"有效地结合起来，这样能够形成一种新型的以非物质文化遗产为主的文化产业，同时能够促进两者的发展。我们将非物质文化遗产融入文化创意产业中，不仅在一定程度上拓宽了非物质文化遗产传播的途径，而且有利于非物质文化遗产的保护和发扬。

另外，在文化创意产品产生相应的商业价值之后，融入非物质文化遗产不仅能够提升文化创意产品的文化内涵，丰富文化创意产品的设计思路，还能够提升文化创意产品的人文价值和艺术美感。非遗文创产品的创新发展使人们逐渐意识到非物质文化遗产的历史重量。非物质文化遗产以时尚的方式出现在人们的视野中，不仅能够让人们感受到它的文化内涵，而且能让人们体会到创新传承的乐趣。非遗文创产品设计案例见图 5-15、图 5-16。

5.3.2　非遗与文创产品的关系

1. 文创产品设计有助于走好非遗传承之路

文创产品设计在非遗传承工作中发挥着积极的作用，不仅可以丰富非遗的表现形式，还可以将非遗精神发扬光大，在新时代培养非遗传承的新型人才。

党的二十大报告提出"推进文化自信自强，铸就社会主义文化新辉煌"，将文化建设摆在突出位置，对文化和旅游工作作出重要部署。非遗日益成为赓续中华文脉、传承中华文明的重要载体，成为坚定文化自信、铸牢中华民族共同体意识的重要源泉，成为促

第 5 章 传统文化与文创产品 / 081

图 5-15 昆曲脸谱书签文创设计

图 5-16 "潮见京剧"文创设计

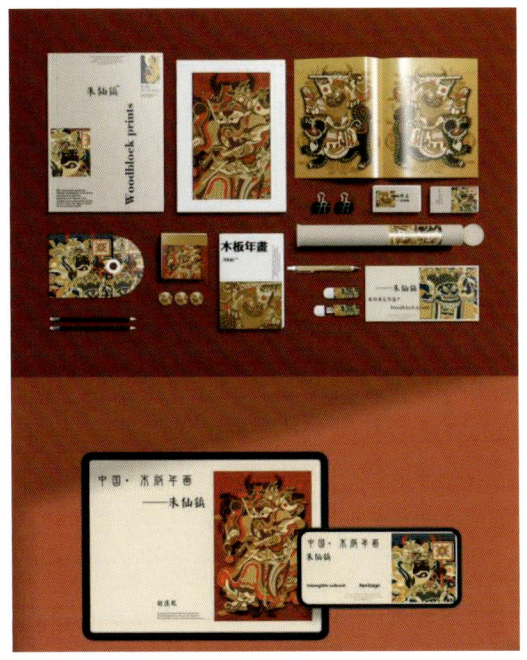

图 5-17 木版年画文创产品

（2）文创产品设计有助于弘扬非遗精神。非遗的核心内容是其蕴含的文化精神。要想真正地将非遗项目传承下去，并让其在现代社会中持续保持较强的生命力，必须挖掘非遗精神的内涵，明确非遗精神的核心价值。非遗文创产品设计不应拘泥于外观包装，而应注重非遗精神在产品中的有效表达，从而更广泛、更精准地传播非遗精神。图 5-18 所示为剪纸文创产品，让人们充分地了解"中国剪纸"这种非遗的"根"和"源"，从而实现对非遗精神的传承和弘扬。

进经济社会高质量发展、满足人民群众美好生活需要的重要力量，成为展示中国形象、传播中国声音的重要内容。

（1）文创产品设计有助于丰富非遗表现形式。现代经济社会，设计体现在人们的衣、食、住、行之中，并随着经济社会的发展不断创新，可以满足人们的日常生活需求。文创产品设计可以提炼非遗中的文化元素，并将这些文化元素与现代产品结合，使得非遗更好地融入人们的日常生活。图 5-17 所示为木版年画文创产品，创作者保留了年画本身色彩鲜明、表现夸张的特点，采用金色描边，底纹暗藏云纹、福纹。由此可见，文创产品设计能够有效地将非遗展现给大众，真正让非遗在现代社会活起来。非遗文创产品能增加人们对非遗的关注和使用，有利于保护和传承非遗。

图 5-18 剪纸文创产品

（3）文创产品设计有助于培养非遗传承人才。传统的非遗传承人才虽然具有较高的技艺水平，但由于文化水平有限，难以有效地将非遗呈现给大众，导致大量非遗失传。为响应国家保护非遗的号召，许多高校开设了文创产业管理等相关专业，培养新时代复合型人才，让学生不仅具备艺术理论知识，还具备较好的文化管理能力和文创设计能力，实现文创设计与非遗"双发展"。图 5-19 所示为花束文创产品，创作者借鉴徐行草编这一非遗工艺，将浓郁的乡土气息、流动的生命力融为一体。该作品具有独特的手工艺美感，承载着创作者的精神与情感。

2. 非遗传承有利于拓展文创产品设计思路

当前，以非遗为主题的文创产品在我国文创产业中大放异彩。非遗为文创产品设计提供了丰富的创意，不仅创新了文创产品的外观，而且优化了文创产品的功能，同时能够打造具有较强市场竞争力的产品品牌。

（1）以非遗为设计元素创新文创产品的外观形态。文创产品设计包括选择和搭配不同的图案、色彩等，而非遗包含许多象征性图案和色彩，能够为文创产品设计带来灵感，拓宽现代文创产品设计之路。图 5-20 所示为"摘要"白酒，这一文创产品是对活字印刷术的再设计。将非遗特有的图案和色彩运用在文创产品设计中，可以创造出独特的文创产品，让人们通过产品的外观形态就能直接了解非遗，同时能实现非遗在现代社会的有效表达。

（2）以非遗为创意符号增强文创产品的功能体验。非遗不仅能为文创产品设计带来独特的图案和色彩，还能为人们带来不同的体验。如图 5-21 所示，设计师根据中国二十四节气的文化内涵，结合传统工艺和产品功能设计了一系列极具中国传统文化韵味的文创产品，包括"清明"香具、"小满"存钱罐、"大暑"灯具等。人们在使用这些文创产品时，可以感受到传统文化氛围，获得新颖的功能体验。

（3）以非遗为主题标签激发文创产品的品牌效应。

图 5-20 "摘要"白酒

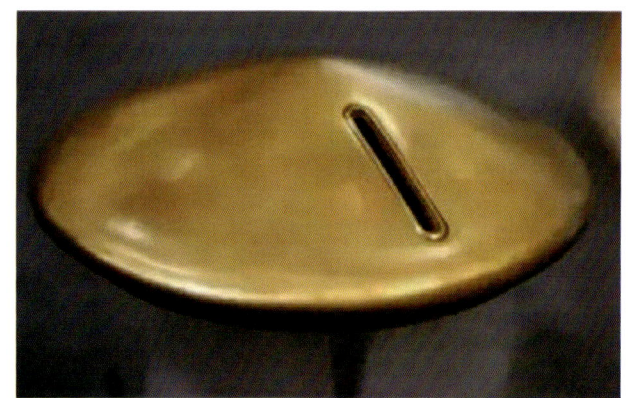

图 5-21 "小满"存钱罐

图 5-19 花束文创产品

非遗为文创产品带来了个性化的主题标签，赋予文创产品特殊的文化内涵，激发文创产品的品牌效应。一方面，将非遗作为文创产品设计的主题，可以吸引人们在网络上对文创产品进行讨论，形成一定的市场反馈效果，让更多人对非遗或文创产品产生深刻的印象；另一方面，以非遗为主题搭建线下场景，借助装饰、灯光等营造浓厚的文化氛围，能够有效地将文创产品展示给人们，深化人们对非遗文创产品的文化感知，从而提升人们对文创产品的兴趣，增强文创产品的品牌影响力。

3. 文创产品设计与非遗传承融合发展策略

文创产品设计与非遗传承有效融合的关键在于非遗文创产品能够被人们接受并喜爱。为吸引人们广泛关注非遗文创产品，在进行非遗文创产品设计时，必须抓住三大关键点：第一，有效转化非遗资源；第二，切实满足经济社会需求；第三，着力凸显非遗主题。

（1）有效转化非遗资源。若要将非遗应用于文创产品，必须先将非遗转化成与现代社会相适应的可视化、可感化资源。之后，充分利用已转化的非遗资源，将其有效地融入各大生活类产品中，并通过品牌的视觉形象进行非遗传播，让人们在挑选文创产品的同时，感受非遗的魅力。非遗文创产品也因具有非遗特征，而更能吸引人们的眼球，有助于产品的市场销售。

（2）切实满足经济社会需求。随着生活水平的提升，人们的需求逐渐从物质层面转向精神层面，非遗在丰富人们的精神生活方面具有重要价值。非遗文创产品设计需要充分考虑人们的体验需求。人们希望生活在美好的环境中，倾向于选择精致、独特的文创产品。图5-22所示的文创作品，通过将瑞兽形象与青花瓷元素巧妙结合，展现了非遗的独特美感，满足了人们的精神需求。

（3）着力凸显非遗主题。建立个性化主题标签是文创产品设计在立意方面的基础环节，也是产品创新的关键。非遗文创产品应以非遗为主题，将非遗的内涵作为产品的市场流通标签。因此，设计师应深入剖析非遗内涵，明确非遗文创产品的主题，通过产品创造性地将非遗的文化内涵、审美理念传递给人们。

5.3.3 设计原则与方法

1. 非遗文创产品的设计原则

（1）文化性原则。非遗文创产品的核心是文化。非遗项目不同，实际承载的文化也有所差别。设计师在设计非遗文创产品前应对非遗进行深层次了解，将非遗的内涵充分挖掘出来，并采取科学的方法将其融入产品中。如图5-23所示，该文创作品以门神为主要视觉形

【非遗与文创产品】

图5-22　生物乐园系列文创产品

图5-23　梁平木版年画系列文创产品

象，采用非遗木版年画的工艺制作，以黑白配色呈现大气简约的视觉效果，赋予非遗新的意义。该作品不仅展现了梁平木版年画的独特魅力，还弘扬了这一非遗的文化内涵。优秀的非遗文创产品设计往往能够有效传递非遗的文化内涵，让更多人领略非遗的魅力。

（2）功能性原则。非遗文创产品不应当仅定位于工艺品或非遗产品的复制品，而应当具有某项功能。人们购买产品不单单是因为产品的外形，还因为其功能。如果设计缺乏创新，或与现代人的审美观念不符，那么实际设计出来的文创产品只能用作收藏，缺乏实用性，无法真正融入人们的生活当中，难以对非遗起到传承的作用。因此，设计师在设计过程中必须注重文创产品的功能性。

（3）创新性原则。设计师在设计文创产品时不能生搬硬套非遗，应当基于当代人的审美对其进行创造性加工，并采用创新的手段来巧妙呈现非遗。图5-24所示为2023兔年春节系列文创产品，包括红包、春联、飞盘等。目前国内的非遗文创产品虽有一定程度的创新，但仍存在较明显的同质化问题，产品的类型主要是箱包、手机壳、钥匙扣、书签、冰箱贴等，缺乏创新性。

图5-24　2023兔年春节系列文创产品

2. 非遗文创产品的设计方法

（1）采用"流水线"生产模式

在利用传统的技艺类非遗时，设计师一般会使用一些天然的材料来完成非遗文创产品的制作。手工制作的产品一般无法做到样式统一，而我国的传统手艺人可以凭借精湛的技艺做到一定范围内的统一。为提高非遗文创产品的品质，提升产品制作的效率，可采用"流水线"生产模式。在古代，我国传统手工艺就有分工协作的概念，手艺人往往需要掌握相关手工技艺，并精通其中的

某一项。同一个门类的手艺人往往各有所长，他们在进行"流水线"制作时会有各自的侧重点。例如，专门制作北京民间玩具"兔儿爷"的吉兔坊就采用"流水线"生产模式进行作业。负责人为提升产品制作的效率，选择以"流水线"的方式对不同工艺环节的工人进行分工安排，确保每条"流水线"上的工人都能做好自己的工作，保证产品的品质。虽然同一款手工制作的产品会有一定的差异，但一般不会出现较大的瑕疵。（图5-25）

图5-25　祈福的兔因因——兔儿爷IP文创产品

（2）突破传统工艺限制

每一件基于非遗创作出来的文创产品都应让人感受到丰富的文化内涵。设计师在进行非遗文创产品设计时，如果没有充分了解我国的优秀传统文化和相应的手工技艺，就直接通过自己的想象将设计稿变为成品，那么将很难真正实现非遗文创产品产业化。设计师在利用非遗进行产品形态和功能的创新设计时，不仅需要根据产品的功能来考虑其外形，还需要运用相应的工艺和材料，但是设计师常常难以找到合适的工艺和材料来支撑新产品的制作。为解决这一问题，设计师应该在传统工艺的基础上进行进一步的创新研究。首先要与手工艺人

取得良好的联系，在工作中密切配合，其次应保持敏锐的创新思维，并掌握能够促进这种创新思维发展的知识和技能。

（3）创新材料与造型

非遗文创产品不仅可以宣传我国优秀的非物质文化遗产，还能拓宽我国旅游纪念品的市场，并促进相关产业的发展。如图5-26所示，唐人坊生产的唐娃娃人偶就是在北京绢人基础上的创新。唐娃娃的制作借鉴了北京绢人的制作工艺，如人偶的梳头方式、头饰的编织工艺等。而唐人坊在日常的经营过程中，为节约物料和制作时间，不会运用刺绣或手绘制作人偶的服装，而是运用热转印技术和丝网印技术。唐人坊虽然改变了人偶的制作技术和材料，但是保留了北京绢人的外形特征和韵味。唐人坊还设计制作过Q版唐娃娃，Q版唐娃娃的眼睛被刻意放大，鼻子和嘴巴都非常小巧。相比真人比例的人偶，Q版唐娃娃体积小，易携带，适合作为旅游纪念品推出。

图 5-26　唐娃娃

习　题

一、简答题

1. 简述民俗文化与文创产品的联系。
2. 结合案例说明民间工艺在文创产品中的应用。
3. 简述非遗文创产品的设计原则与方法。

二、思考题

在利用传统文化元素进行文创产品设计时，某些传统文化元素需要保持"原汁原味"，而大部分传统文化元素是需要进行提炼、概括与重构的。我们应当思考，如何将时尚化、现代化的元素和传统文化元素融合，打造满足当下消费者需求的文创产品？

第6章
地域文化与文创产品

教学目标

（1）了解并掌握地域文化创意产品的设计与开发。
（2）了解不同地域文化在文创产品中的应用案例。

【本章教学框架】

教学要求

知识要点	能力要求	相关知识
地域文化与文创产品概述	（1）了解地域文化创意产品设计现状 （2）了解地域文化创意产品设计特性	地域文化特征
地域文化创意产品的设计	（1）了解地域文化创意产品设计原则 （2）了解地域文化创意产品设计思路 （3）掌握地域文化元素在文创产品设计中的应用	地域文化创意产品设计原则
地域文化创意产品的开发	（1）了解文创产品设计中的"传神"和"达意" （2）了解地域文化元素的转化 （3）了解叙事性设计 （4）掌握地域文化元素的应用	地域文化元素
地域文化创意产品设计案例分析	（1）了解不同地区的文化背景 （2）了解地域文化元素在文创产品设计中的具体应用	代表性地域文化

推荐阅读资料

（1）刘婕.地域特色文化在文创产品设计中的创新应用[J].鄂州大学学报，2023，30（1）：76-77.

（2）黄尔忠，张彰.基于地域文化的文创产品艺术设计开发策略[J].鞋类工艺与设计，2023，3（22）：42-44.

（3）刘俊吉，李硕.基于传统文化元素的文创设计研究[J].天工，2023（7）：73-75.

基本概念

地域文化，作为某一地区或国家的精神内核，早已深深地烙印在人们的思维方式和行为习惯中。它不仅是一种简单的文化现象，更是这片土地独特气质和底蕴的集中体现。地域文化与旅游产业的深度融合为地域文化的传承与发展注入了新的活力。在这样的背景下，文创产品作为地域文化的一种具象化表达，其设计与制作显得尤为重要。设计师在追求产品的实用功能与独特造型的同时，还应当深挖和传递其所承载的地域文化内涵。这不仅是文创产业持续发展的必由之路，而且是使地域文化广泛传播的关键措施。

引例： 基于地域文化的文创产品设计

地域文化是由物质文化和精神文化共同构成的，前者包括服饰、特产、建筑等，后者则包括习惯、习俗、制度等。随着经济社会的发展，地域文化正逐渐从只注重物质文化，转向物质文化与精神文化并重的格局。将地域文化元素巧妙地融入文创产品设计，不仅赋予了文创产品丰富的人文内涵，还确保了文创产品具备地域特色。地域文化元素在文创产品设计中的应用价值主要体现在以下几个方面：首先是认知功能。地域文化的显性符号如小吃、方言、建筑等，以及隐性符号如价值观、习俗、文化等，都拥有独特的识别性特征。这些特征使文创产品成为传达地域文化的有效载体，帮助人们更好地识别和了解地域文化。其次是情感功能。消费者在购买文创产品时，倾向于选择那些与自己的情感和价值观相契合的产品，这实际上是消费者在寻找"身份""故事"和"感觉"。蕴含地域文化元素的文创产品，能够从文化传承的角度触动人们深层的记忆、情感，从而引发与地域之间的情感共鸣。最后是审美功能。文创产品的审美价值是消费者关注的重点之一，这种审美价值通常体现在产品的艺术性、审美性和功能性上。将地域文化元素融入文创产品设计，不仅能够提升产品的艺术性和审美性，还能优化产品功能。

6.1 地域文化与文创产品概述

6.1.1 地域文化概述

地域文化是人类文明的瑰宝，我国的地域文化源于我国辽阔的疆域、多样的气候、民族的交融及历史的演变，体现了中华优秀传统文化的精髓，凝聚了中国人民的智慧。地域文化集物质与精神属性于一体，具有继承性、渗透性、差异性、普遍性和独特性。地域文化元素丰富多样，包括饮食、服饰、宗教、方言、文化典故、建筑风格、历史古迹及自然环境等，它们通过视觉符号呈现，具有强烈的个性、识别性及独特的美学与应用价值。在经济全球化背景下，地域文化受到外来文化的冲击，需要进行创新发展。将地域文化元素融入文创产品设计，是传承和弘扬地域文化的有效途径，能够展示其独特魅力，激发人们的认同感与自豪感，为地域文化的传承与发展贡献力量。

现代社会在不断发展，地域文化也需跟上其发展步伐，不断进行创新，主要有以下原因：第一，在经济全球化背景下，地域文化面临诸多挑战，如同质化趋势、外来文化冲击等；第二，为传承和发扬地域文化，需要不断对其进行创新，使之适应时代的发展；第三，通过地域文化的创新发展，可吸引世界各地的关注，提高国家和地区的文化影响力。

6.1.2 地域文化创意产品设计现状

地域文化创意产品种类繁多，包括旅游纪念品、书画艺术品和工艺美术品等（图6-1）。这些产品成功地融入了中国地域文化的深厚内涵。同时，它们独特的设计形式也大幅提升了产品的附加值，吸引了众多消费者的目光。在文创产业蓬勃发展的今天，许多文创产品凭借其丰富的文化内涵和独特的设计赢得了广泛赞誉，但市场上仍有一些文创产品发展滞后。这些产品往往设计形式单一，仅注重对外观的设计，忽视了对文化内涵的深

图6-2　错金银云纹青铜犀尊卡通摆件

图6-1　故宫文创产品

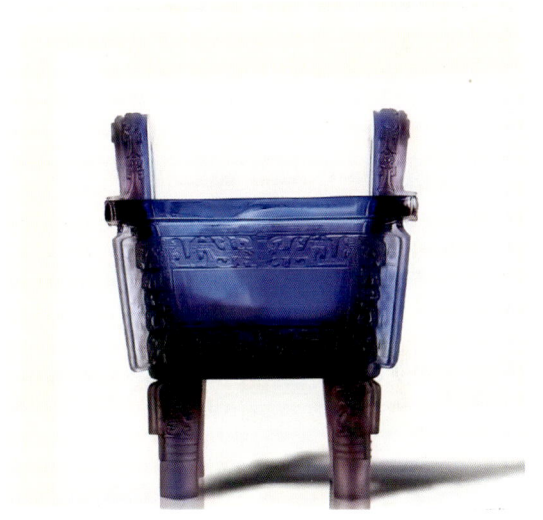

图6-3　后母戊鼎琉璃摆件

入挖掘。我国地域文化在文创产品中的应用也存在较多问题，主要表现在以下3个方面。

1. 定位不准

我国文创产业相比其他国家起步较晚，因此在文创产业迅猛发展的过程中，有时会出现文创产品定位不准的现象。不少商家和企业过于追求短期利益，忽视了对市场的调研和对消费者需求的分析。如图6-2、图6-3所示，由于缺乏精准的产品定位，很多文创产品在设计时虽然融入了地域文化元素，但未能充分考虑消费者需求，因此这些产品虽然外观独特，但缺乏实际的使用价值。消费者购买后，只能将其作为装饰品摆放，难以找到其他使用场景。因此，文创产业需要注重市场调研和消费者需求分析，以确保产品定位精准，满足消费者的实际需求。

2. 同质化严重

在不同的地域文化创意产品卖场中，存在许多样式相似或相同的产品，同质化问题严重。很多旅游景区或文化场馆售卖的地域文化创意产品造型雷同，消费者在购买时无法区分纪念品所属的地域。（图6-4）

3. 过度符号化

地域文化创意产品存在过度符号化的问题，缺乏创意和深度。部分商家直接照搬地域文化符号，导致产品丧失文化魅力，对消费者毫无吸引力，于是在市场竞争中处于劣势（图6-5、图6-6）。为解决这一问题，设计师在设计文创产品时需创新性地融入地域文化元素，深度挖掘其精髓，并结合现代设计理念和消费者喜好，开发出既具有地域特色又满足市场需求的产品，推动文化创意产业转型升级。

图6-4 猫的天空之城冰箱贴

图6-5 茶饮品系列文创产品

图6-6 护肤品系列文创产品

6.1.3 地域文化特征

地域文化不仅承载着厚重的历史，还凝聚着当地人民的智慧。不同地域文化之间既保持着共同的文化基因，又各自展现出独特的魅力，它们相互碰撞、交流，形成了既有冲突又深度融合的独特文化景观。同时，中国古代有"和而不同"的文化理念，使得地域文化在保持各自特色的同时，呈现出传承性、独特性、包容性、多样性和动态性的鲜明特征。这些特征共同构成了中国地域文化的独特魅力，使之在世界文化中独树一帜。

1. 地域文化的传承性

地域文化深深植根于特定的地理环境之中，它是人们物质创造与精神创造的结晶，以及这些创造所形成的社会意识形态的总和。地域文化是特定区域内自然环境与人文环境的和谐统一，其发展较少受到阶级因素的制约，具有超越阶级的特质，因此地域文化往往代代相传、一脉相承。

2. 地域文化的独特性

地域文化的发展受到时间和空间的影响，具有一定的差异性。若一个地区政策环境开放、交通便利，则其社会文化整合与扩展速度相较其他地区会更快，地域文化的更新迭代也会更为迅速。

3. 地域文化的包容性

地域文化在接纳外来文化的同时，也保持着自身的特色。地域的历史演变伴随着自然环境、经济结构等多方面的变化，这些变化会对地域文化产生不同程度的影响。地域文化作为一种复杂而独特的现象，会随时代变迁而不断更新，既保留传统元素，又融合创新，展现出强大的包容性。

4. 地域文化的多样性

地域文化的特色因地区而异，反映了文化背景的多样性。中国的不同地域都拥有独特的文化与习俗，从北部的草原到南部的水乡，从西部的高原到东部的平原，都具有鲜明的地域特色。不同的社会历史环境使得各民族之间产生了文化交流与碰撞，催生了新的观念和事物，从而使地域文化的发展具有多样性的特点。

5. 地域文化的动态性

地域文化是在人类长期的生活实践中逐步形成的，包括物质形态和非物质形态。随着时间的推移，地域文化也在发生变化，这种变化可能源于外部文化的影响，也可能源于内部文化的自我更新与发展。地域文化的动态性反映了其与社会历史环境紧密相连的特点,因此,在借鉴融合地域文化时,我们需要关注时代背景,并把握好其动态变化的特点。

6.1.4 地域文化创意产品设计特性

在地域文化创意产品的开发中,地域文化至关重要。地域文化所提供的信息能帮助设计师理解文化的深层内涵与特质。地域文化包含物产资源、自然风貌、历史政治和人文风情四大类。设计师可从这些方面挖掘素材,赋予文创产品艺术魅力和文化价值。

1. 关联性

文化深植于人们日常生活的方方面面,它与周围环境息息相关。地域文化尤为独特,它反映了该地域特有的人文精神与环境氛围。文创产品的地域文化元素包括但不限于产品材料的地域性来源、当地的生态环境特色及居民独特的生活方式。设计师在设计地域文化创意产品时,需要深刻理解和把握文创产品与地域文化的关联性,以确保产品能够凸显该地区的独特性。(图 6-7)

2. 独特性

在如今的消费市场,产品具有独特性至关重要。地域文化创意产品的独特性源于各种地域文化元素带来的独特情感体验。然而,许多文创产品在展现地域文化特色时存在划分不明确、概念识别模糊等问题。因此,地域文化创意产品的设计需构建显著的地域识别文化符号,以增强产品的独特性和新颖性。消费者通过接触这些产品,能获得独特的消费体验,深刻感受地域文化的魅力和内涵。(图 6-8)

图 6-8 西安关中民俗艺术博物院关中民俗古建系列套尺

3. 原创性

地域文化创意产品设计是将独特的地域文化元素通过创意性的方式巧妙地融入产品中,这种原创性设计对产品的价值提升具有直接且显著的影响。随着设计风格的多元化,设计师不再受限于单一的设计模式,而是融合多种设计手法,形成别具一格的表达方式。设计风格的演进为地域文化创意产品的设计提供了更广阔的创新空间,赋予了这些产品独特的魅力。(图 6-9)

4. 纪念性

优秀的地域文化创意产品,不仅精准运用了地域文化元素,更具有触动消费者内心的纪念性特质。地域文化创意产品满足了人们记录独特体验的需求,将地域文化精髓转化为实物形态,成为连接消费者与地域的纽带。地域文化创意产品储存着旅行中的美好回忆,富有独特纪念意义,不仅是地域文化的体现,更是深厚情感的见证。(图 6-10)

5. 故事性

在现代产品设计中,设计理念已从满足功能需求升

图 6-7 洛阳文创产品

【三星堆文创产品】

图6-9 三星堆文创产品

图6-10 盐灯香薰摆件（一）

图6-11 盐灯香薰摆件（二）

6. 可持续性

关于地域文化创意产品设计的可持续性，可从产品与环境、人体的交互性，以及商业模式的长期性两个维度进行探讨。文创产品需对环境友好、对人体无害，促进人与自然和谐共生。同时，相关从业者需构建长期、稳定的良性商业循环模式，避免短期炒作，确保产品具有独特文化内涵且符合市场需求，以促进地域文化和经济的持续健康发展。

7. 国际性

随着经济全球化的发展，地域文化创意产品不再局限于本地销售，而是流通于全球各类市场，这使得地域文化创意产品的地域特质在国际市场上受到关注，展现了地域文化的独特魅力。因此，设计师在设计产品时必须具备国际化视野，以扩大产品销售范围，提升地域文化的国际知名度；开发者可以通过将设计与市场营销策略结合，推动地域经济发展，传承并发扬地域文化。

华至满足精神需求。地域文化创意产品的故事性尤为重要，故事源于地域文化的长期积淀，并由一代代人传承至今。地域文化创意产品背后的故事包括文化的起源、演变过程及人物事件。设计师通过地域文化创意产品展现这些故事，使人们深入了解其文化内涵。故事性设计不仅丰富了产品的文化内涵，而且让人们在购买和使用过程中感受到地域文化的魅力。这样，地域文化创意产品不仅满足了人们的物质需求，更加深了人们对地域文化的理解和认同，建立了全新的文化认知方式。（图6-11）

6.2 地域文化创意产品的设计

6.2.1 地域文化创意产品设计原则

1. 重视文化传承与保护

设计师需要深入了解地域文化及非遗项目，并突出项目重点。如将传统美术与文创产品设计结合时，应将视觉元素与文化元素的融合，提升设计水平，传承非遗和地域文化。设计师应加强地域文化与现代艺术设计的融合，以取得更理想的设计开发成果。例如，苗族银饰制作技艺是国家级非物质文化遗产，为传承和推广苗族银饰文化，贵州当地文创设计师将苗族银饰元素融入各种文创产品中。（图6-12）

图6-12 "黔系列"文创产品

2. 提高可行性

设计与开发地域文化创意产品时，需坚持可行性原则，确保地域文化与文创产品设计的融合切实可行；考虑产品生产难度，选择普适性材料，以满足人们对地域文化的认知需求；增强设计的有效性，使其符合地域文化特色，从而提升整体设计水平；深入调研地域文化和非遗项目，把握其本质特征，以提高设计的可行性；合理借鉴文化旅游创意设计大赛展示的方法，有效设计和开发文创产品。

3. 增强不可替代性

我国是统一的多民族国家，孕育了独特的地域文化。如何发挥文化资源优势，展现地域文化魅力，培育消费者对地域文化创意产品的独特感知，是文创产品设计的重要议题。在社交媒体高度发达的今天，设计师应利用现代技术手段，洞察消费者的需求，分析地域文化内涵，以创新手法差异化、年轻化、趣味化、实地化地呈现地域故事，增强地域文化创意产品的不可替代性。

4. 满足精神需求

地域文化创意产品设计的核心在于赋予产品文化内涵，满足消费者感知品质与情感反思的需求。当前社会物质资源丰富但精神资源匮乏，消费者普遍面临压力。生产力水平的提高和互联网的发展使年轻消费群体看到了多元化的物质世界，但他们的精神世界仍然匮乏。因此，设计师需认真思考分析，挖掘地域文化价值，以创意手段"融情于物"，引发消费者情感共鸣，同时考虑消费者的心理接受度。如图6-13所示，设计师将九色鹿的故事融入日常用品，既为消费者带来了新颖的文化体验，又考虑了消费者的心理接受度，实现了地域文化的传承与创新。

5. 利用科技手段

由于地域文化是文创产品设计的重要切入点，因此设计师需保持其传承性与识别特性，并探索其创新性表达。设计师需通过创意构思降低人们对地域文化的理解

图6-13 "九色鹿"文创产品

难度，扩大地域文化的受众范围，同时引入新技术、新理念，以推动文创产业转型升级。科技手段可创新地域文化呈现形式，缩短地域文化与现代认识之间的距离。如敦煌研究院的"数字敦煌"项目，运用数字科技保护文化遗产，通过VR、AR技术让人们身临其境地感受敦煌文化，深入了解历史。（图6-14）

【敦煌研究院的"数字敦煌"项目】

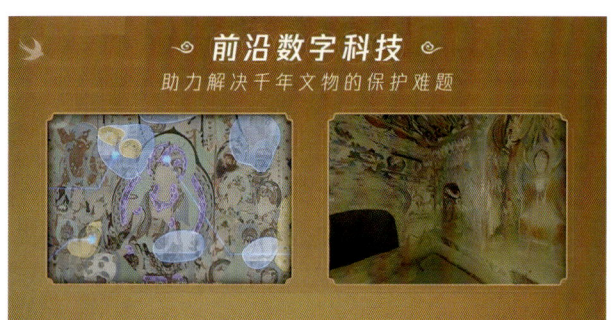

图6-14　敦煌研究院的"数字敦煌"项目

图6-15　"茶屑生烟"土楼文创产品设计

6.2.2　地域文化创意产品设计思路

文创产品承载着丰富的文化内涵，延续着文化的生命，彰显着文化的价值。尤其是地域文化创意产品，因具备独特的地域文化特色而成为文化传承与创新的代表。地域文化创意产品有以下设计思路。

1. 地域文化元素的融入与应用

地域文化元素的融入与应用是文创产品创新的关键。设计师应科学结合地域文化与文创产品，深入提炼地域文化元素，创造具有地域文化特色的产品；通过高品质设计展现产品的精神内涵，加强对地域文化的宣传，激发人们对地域文化的了解欲望。对地域文化元素的融入与应用有助于有效传承与发展地域文化，提升文创产品的价值。

福建土楼因其独特的建筑风格和深厚的文化内涵而闻名。如图6-15所示，设计师巧妙地将土楼元素融入茶具设计。茶壶被设计成土楼的造型，壶盖则采用土楼的窗户或屋檐元素作为装饰。

2. 运用叙事性设计方法

历史典故因具有叙事性而源远流长，文创产品设计也应如此。设计师在将地域文化融入文创产品时，需保留其叙事性，并运用地域标志或符号凸显其叙事性，让人们通过地方故事认识产品，直观感受地域文化特色。

3. 准确把握用户特征

地域文化创意产品的成功设计离不开对用户特征的准确把握。中老年用户倾向于选择具有地域特色和文化内涵的雅致型文创产品，年轻用户则更喜欢兼具实用性和创意性的文创产品，且更容易冲动消费。地域文化创意产品设计需要准确把握用户特征，以更好地满足用户的心理需求。

4. 丰富产品类别

文创产品市场同质化现象严重，设计师应从地域文化出发，寻找能与文创产品融合的文化符号，并探索多样化的产品类别。设计师可在实践中尝试将地域文化元素融入家居、服饰、文具、IP衍生产品等领域，这样既能丰富产品类别，又能拓宽地域文化元素的应用范围。

6.2.3 地域文化元素在文创产品设计中的应用

设计师应深入挖掘地域文化内涵，通过创新设计方法将地域文化元素应用于文创产品，具体方法如下。

1. 创新设计，挖掘地域文化内涵

地域文化的发展历史是其文化内涵的重要体现，充分利用这一点能够极大地提升人们的文化体验。因此，在设计文创产品时，设计师应重点展现产品的文化内涵和地域特征。通过将地域文化元素与文创产品结合，可以让人们更客观地认识和感受地域文化，进而传承地域文化。在运用地域文化元素时，应强调在传承的基础上发掘新元素，在保留原有地域文化精华的同时利用现代科技对地域文化进行创新设计，满足人们对文创产品的需求。在进行文创产品设计时，产品的形态与元素并不是固定的，设计师可以灵活运用多种形式，展现地域文化特色。（图 6-16）

2. 以点带面，建立地域文化品牌

当下，文创产品设计师主要采用系列化规划的方式，统一不同产品间的设计元素，强调产品共同的文化内涵，提升产品整体视觉形象。这种设计能降低生产成本、提高生产效率，增强产品的市场竞争力与品牌辨识度。故宫文创产品便是成功案例。故宫博物院以故宫文化为基础，结合现代设计理念，打造了一系列涉及文具、家居、珠宝等领域的文创产品，建立起故宫文创品牌形象。（图 6-17）

3. 抓住时机，展现地域文化魅力

地域文化创意产品因承载独特的地域文化内涵而成为市场上具有竞争力的产品。如图 6-18 所示，2022 年北京冬奥会的吉祥物冰墩墩，以及 2022 年北京冬残奥会的吉祥物雪容融，都在特定时期展现了独特的地域文化魅力与市场竞争力。设计师应顺应时代潮流，抓住市

图 6-16　云南省博物馆青铜器文创产品

图 6-17　故宫系列文创产品

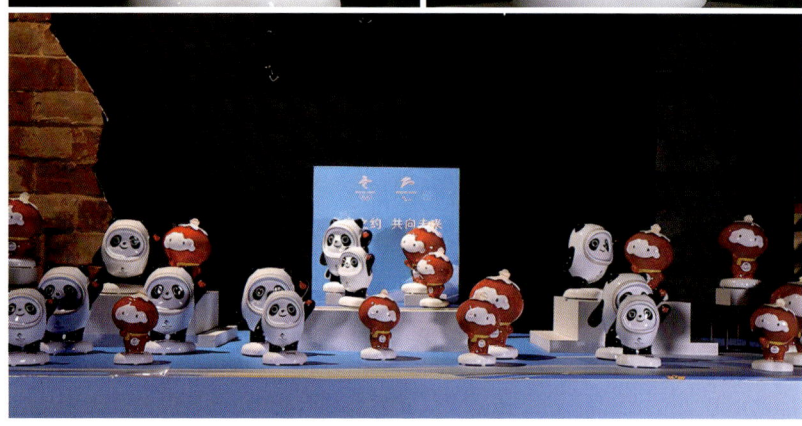

图 6-18　冰墩墩、雪容融文创产品

场机遇，设计出展现地域文化魅力的产品，及时满足人们的精神需求。

6.2.4　地域文化创意产品设计表现

对地域文化创意产品而言，最重要的设计方法便是将抽象的文化概念具象化。设计师可以对产品的形状、色彩、材质、结构等进行设计，从而将抽象的文化信息转化为具象的视觉符号，并最终通过产品传达给消费者。在深入分析地域文化创意产品设计所需具备的特质后，设计师应进一步运用地域文化意象转化手法来进行设计表现，具体可归纳为以下 4 个方面。

1. 强化主题思想

地域文化创意产品的设计需强调主题思想的独特性，以真正展现地域文化特色。设计应以丰富的地域文化为基础，提炼特色主题，使产品更具个性化。如图 6-19 所示，熊猫系列文创产品就利用了大熊猫这一独特的文化元素，不仅展现了四川的地域特色，还强调了保护自然的主题。这样的设计能让人们更深入地了解四川的地域文化，促进人与自然和谐相处。

2. 提取创意元素

提取创意元素是地域文化创意产品设计获取原创性内容的关键步骤。设计师需充分运用设计技巧从地域文化中提取最具代表性的元素，并将其创造性地融入产品设计中。如图 6-20 所示，设计师将孔子故乡曲阜的地域文化与麒麟这一祥瑞形象结合，展现了当地深厚的文化底蕴。这样的设计具有创新性，能展现产品的独特魅力，吸引消费者关注。

3. 探索文化内涵

地域文化创意产品设计需深入探索地域文化的纪念性和故事性，使产品展现地域特色，从而具备纪念意义。产品的故事性受文化内涵与消费者感受影响，消费者可通过购买地域文化创意产品感受地域文化内涵。文创产品设计与地域文化的融合不仅可以带来经济效益，还能促进不同地区的文化交流。

4. 开拓设计视野

由于地域文化创意产品的展示和销售渠道不局限于特定地域，覆盖范围广泛，且消费群体构成多元化，因此设计师在进行产品设计时需要具备国际化视野，使产品兼具环保性与美学价值，以开拓产品市场，获得更多关注。

第 6 章 地域文化与文创产品

6.3 地域文化创意产品的开发

6.3.1 "传神"和"达意"

地域文化包含具体的"形"与丰富的"意"。设计文创产品时,关键在于巧妙转化与融合地域文化的"形"与"意"。设计师需提炼地域文化中的物质元素并将其转化为文化层面的表达,同时用具象的"形"展示抽象的"意"。

对于某些地域文化创意产品,设计师应采用抽象的表现手法,避免直接使用具体的符号或形象。例如,在设计西安地域文化创意产品时,设计师不应直接复制标志性建筑物大雁塔的形象,而应通过拆分元素、提炼特点,将"大雁"与"塔"的形象融入设计,以新颖的方式展现地域文化内涵。(图 6-21)

设计师需注重产品的逻辑性,并通过融入地域文化凸显产品的独特性,增进消费者对产品的理解。地域文化创意产品是地域文化的载体,设计师可通过产品的材料、色彩及其他细节展现地域文化特色,发挥地域文化价值。

图 6-19 熊猫系列文创产品

图 6-21 西安大雁塔文创产品

6.3.2 地域文化元素的转化

1. 融入叙事

在文创产品设计过程中,地域文化元素的融入是至关重要的一环。直接融入是设计师常用的方法。设计师可通过深入发掘地域文化资源,如历史典故、人物故事、曲艺表演、饮食文化、传统手艺等,将其巧妙地融

图 6-20 麒麟才子金属书签

入产品设计。间接融入也是一种有效的设计手法，它通常指将地域知名的 IP 形象融入文创产品。例如，熊本熊是日本熊本县的代表性地域形象，深受人们喜爱。我国也有许多类似的地域形象，如"故宫猫"（图 6-22）、"唐妞"等。设计师可以将这些 IP 形象巧妙地融入钥匙链、服装、背包等日常用品中，使这些产品不仅具有实用性，还具备丰富的文化内涵。

图 6-23 "高山流水"系列文创产品

此外，结合历史内容的情景营造也能有效传达地域文化内涵。设计师吴月英根据"老马识途"的典故，设计了"一马一路一香丝"，该文创产品不仅具有深厚的历史底蕴，还散发着浓郁的地域文化气息。

非物质文化如传统服饰纹样（图 6-24）、京剧、皮影等元素，能为文创产品增添独特的地域特征。设计师可通过情景营造，将非物质文化元素融入设计，让消费者在欣赏文创产品时感受地域文化的魅力。

3. 趣味图形

趣味图形在文创产品设计中的创新应用，是设计师巧妙融合地域文化元素与现代审美的一种方式。设计师可选取独特的地域文化元素，如历史人物、传统建筑、自然山水等，将其转化为趣味图形并应用于文创产品中。如图 6-25 所示，设计师将历史人物设计成 Q 版形象，不仅保留了地域文化韵味，还增添了产品的趣味性，为消费者带来了新鲜的文化体验。

地域文化元素在文创产品设计中的创新应用，有助于增强消费者对产品的认同感和文化归属感，同时促进地域文化的传承与弘扬。设计师在应用地域文化元素时，可以灵活运用融入叙事、情景营造、趣味图形等设计方法，使产品更具新颖性。

图 6-22 故宫猫系列文创产品

2. 情景营造

物质文化涵盖交通工具、饮食、建筑、服饰及自然景观等多个方面，可满足人们日常的生产与生活需求。物质文化能够生动地展现地域文化特色。如图 6-23 所示，"高山流水"系列文创产品巧妙地运用了情景营造的手法，将清幽雅致的自然景观淋漓尽致地展现出来。

图 6-24 传统服饰纹样

图 6-25 Q版历史人物插画

6.3.3 叙事性设计

1. 叙事性设计的作用

非物质文化在文创产品设计中扮演着重要的角色,能为产品增添独特的魅力。传统服饰纹样、京剧、皮影等文化元素,经设计师巧妙地融入文创产品,可以丰富消费者的文化体验。叙事性设计在地域文化创意产品设计中优势显著,能挖掘文化资源,展现文化精髓。叙事性设计使文创产品成为文化媒介,提升消费者的使用体验,促进了文创产业发展与文化传承,增强了文创产品的文化附加值。

2. 叙事性设计的特征

一件优秀的叙事性作品,是设计师情感的表达,同时受到消费者个人感官与文化背景的影响。为了更好地将叙事性设计融入地域文化创意产品中,笔者对叙事性设计的特征进行了归纳,总结为以下三点:关联性、动态性和互动性。

(1)关联性。叙事性设计强调关联性,主要体现在以下两个方面。

① 叙事表达与叙事主题紧密相关。地域文化创意产品不仅仅是一种物质形态,更是地域文化的载体。设计师在创作过程中,需要确保产品的形式与文化内涵相互呼应,通过产品与相关事件或背景的关联,清晰地传达地域文化的深层内涵。这种关联性是确保地域文化创意产品具有独特魅力和文化价值的关键。如图 6-26 所示,黄果树瀑布是贵州地区的代表性景点,设计师注重将壮丽的瀑布景观、地域历史文化和民族特色融入地域文化创意产品设计中。

② 叙述者、载体与受述者之间存在紧密联系。设计师作为叙述者,在选择和呈现地域文化时,需要充分考虑受述者的经验与背景,通过情节编排和形式设计,使产品引发受述者的共鸣和联想。这种关联性有助于提升产品的吸引力,使受述者更容易接受并喜爱地域文创产

品。如图6-27所示,景德镇零食特产原创文创包装巧妙地将叙述者(设计师)的情感与地域文化融合,通过载体(特色包装)传达给受述者(消费者),在无形中增强了消费者对地域文化的理解与认同。

(2)动态性。叙事性设计的动态性特征在地域文化创意产品设计中具有重要意义。这种动态性主要体现在以下两个方面。

① 叙事情节具有成长性和时序性,优秀的叙事作品需要有引人入胜的情节,以引发情感共鸣。设计师需要精选叙事文本,确保叙事情节连贯且具有吸引力。如图6-28所示,徽州故事系列文创产品通过动态叙事的方式融入徽州历史、建筑、民俗等内容,使消费者在使用过程中逐步了解徽州文化,感受其独特的魅力。

② 受述者接收叙事作品时,因具有不同的文化背景、价值导向,会对作品中的情节有不同的理解和感受,进而影响作品的呈现效果。叙事作品是双向互动的,设计师需要考虑受述者的文化背景,寻找可以引发共鸣的主题。三星堆的文创产品为何如此火爆?因为创作团队通过文创开发为三星堆赋能,让文物活起来,推广三星堆的新形象、新品牌、新IP,让三星堆文化重新焕发生机。图6-29所示为三星堆摇滚乐队盲盒。

(3)互动性。叙事性设计的互动性在地域文化创意产品设计中占据重要价值,主要体现在以下两个方面。

① 互动性存在于叙述者与受述者之间。叙述者既要

图6-26 "山水林花"黄果树瀑布系列文创产品

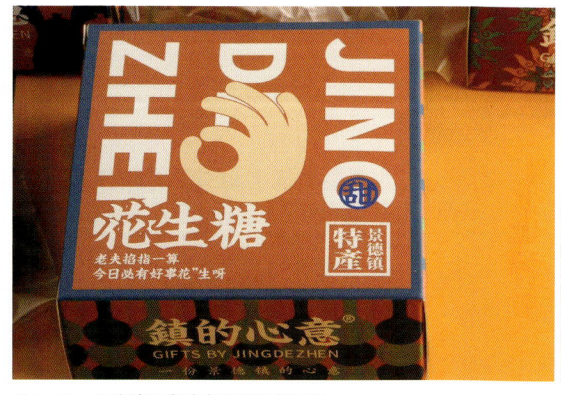

图6-27 景德镇零食特产原创文创包装

图6-28 徽州故事系列文创产品

兼顾作品的功能与形式，又要在情感上与受述者深度互动。在叙事性设计中，叙述者对抽象概念进行具象化传达；受述者接收后，依据自身理解体验并解读作品，加深认知并获得丰富的情感体验。此即叙事性设计在地域文化创意产品设计中的重要意义。

② 互动性体现在叙述者与受述者之间，这在游戏设计中较为常见。叙述者创造虚拟环境，提供沉浸式体验；受述者依据价值导向和文化背景触发不同的接触点，催生新的互动方式和故事走向，丰富故事情节，提升参与感。如图 6-30 所示，TOI 图益舞狮拼图将地域文化元素融入拼图设计，消费者可以在完成拼图的过程中了解地域文化。

3. 叙事性设计的应用

叙事性设计是设计师表达主题的一种方式。在文创产品中，叙事性设计主要有如下应用。

（1）确立叙事主题，以吸引受众、传达情感、建立连接。设计师需要考虑受众的需求、兴趣和文化背景，确立独特的叙事主题，注重故事的情节性和情感性。

（2）设置叙事情节，以建立叙事内容与消费者之间的联系。设计师应将叙事内容拆分成情节节点，并厘清故事脉络。关键且有趣的情节能增加故事的吸引力。

如图 6-31 所示，江南茶具的设计灵感来源于江南

图 6-29　三星堆摇滚乐队盲盒

图 6-30　TOI 图益舞狮拼图

图 6-31　江南茶具

水乡的美景与文化，融入了粉墙黛瓦、小桥流水等元素，精心编排的故事情节让人仿佛置身于水乡之中，在品茶的同时体验地域文化氛围，从而获得丰富的情感体验。

（3）设计语言表达。叙事性设计的最终阶段是设计语言表达，这类似于文学语言的转换，旨在传达叙事主题和情节。设计师需从产品深层内涵出发，确定产品的形态、材质、色彩，以构建连贯的故事。设计语言应准确传达主题，贴近生活实际，考虑受众的接受能力和审美水平，选择恰当的表达手法，以引起受众共鸣。同时，设计师应注重细节的完善，并根据反馈意见对产品进行优化。

6.3.4 地域文化元素的应用

地域文化包含文物、建筑、民俗、生态等特色元素，但它们并不是都适用于文创设计，设计师需要从地域文化中提炼适用的元素。

1. 调研工作

地域文化元素体现了地方特色，能增强文创产品的魅力与市场竞争力。设计师需要查阅历史资料，考察民风民俗，建立元素库，挑选代表性元素并结合市场需求进行创新设计。地域文化元素的巧妙运用可创造差异化文创产品，满足消费者的审美需求，传承并发扬地域文化。

2. 设计元素的整合

设计师在提取地域文化元素时，需要尊重历史，确保元素的真实性。在运用时，应遵循形式美原则，巧妙地将元素融入产品中，并基于地域文化内涵和市场需求进行设计。图 6-32 所示为秦俑文创茶具，设计师巧妙地将兵马俑的造型、色彩及历史背景等设计元素进行了整合，设计出独特的茶具。

3. 设计元素的提炼

设计师将整理好的地域文化元素进行科学提炼，并进行创新设计，确保产品既合理又具有亮点，符合现代消费者的审美，并能彰显地域文化特色。提炼设计元素的步骤具体如下。

（1）精炼融合。设计师收集地域文化元素，提炼后融入设计，在保持美感的同时赋予产品文化内涵与视觉吸引力。

（2）简化创新。设计师深入分析地域文化元素精髓，将元素简化为鲜明的地域符号，重组元素并进行探索创新，提升设计个性与辨识度。

（3）变换设计。设计师组合、拼贴地域文化元素，使之形成新的内容，丰富地域文化表现形式，增强产品的视觉吸引力，满足消费者的审美需求。

（4）意象转化。设计师提取地域文化中的神话、民俗、名人等非物质文化意象，将其融入设计，提升产品的文化内涵，赋予产品地域文化特色，促进文化传播与产品附加值提升。图 6-33 所示为敦煌莫高窟系列文创产品，该设计提取了敦煌莫高窟壁画元素，将佛教故事、神话意象融入文化衫、书签等生活用品，既实用又展现了敦煌文化的魅力。

4. 色彩的整合与分类

在地域文化元素的提炼过程中，色彩整合是关键步骤。设计师需要捕捉色彩特点，建立色彩系统并灵活运用，增强产品的视觉吸引力，展现地域文化特色。

图 6-32　秦俑文创茶具

第 6 章 地域文化与文创产品 / 103

图 6-33 敦煌莫高窟系列文创产品

6.4 地域文化创意产品设计案例分析

6.4.1 华南地区

华南地区位于中国南部，包括广东省、广西壮族自治区、海南省等省份。华南地区的岭南先民遗址出土材料证明，岭南文化为原生性文化。基于独特的地理环境和历史条件，岭南文化以农业文化和海洋文化为基础，在发展过程中不断吸收中原文化和海外文化，逐渐形成自身的特点。本节选取华南地区的几种代表性文化进行分析，它们分别是广府文化、客家文化、铜鼓文化和黎族文化。

（1）广府文化。

"广府"作为行政区划简称始于明代，是"广州府"的简称。广府文化是岭南文化的重要分支。镬耳屋是广府民居的代表，设计师根据镬耳屋的形象设计了镬耳盒，赋予其审美与收藏价值。（图 6-34）

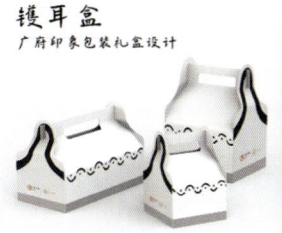

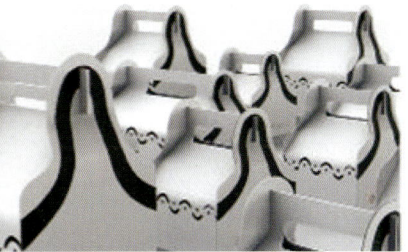

【广府文化】

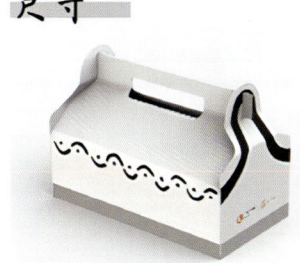
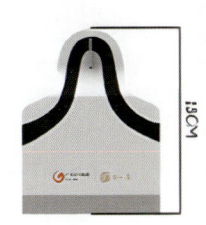
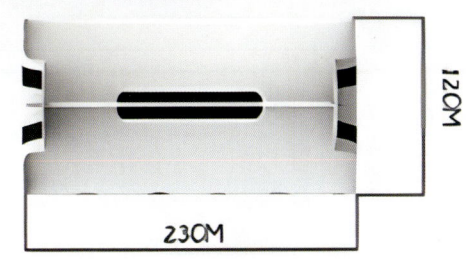

图 6-34 镬耳盒

(2)客家文化。

客家先民原属"百越",宋朝后北人南迁,于江西、福建、广东形成客家民系。客家人群聚而居,形成了紧密的组织,继承中原汉文化并融合南方文化,创造了客家文化。福建客家人建碉堡保护家族,碉堡是客家建筑的象征,方回系列灯具以此为设计灵感,由飞檐、落珠、横遇三款灯具组成,它们外形各异,但又具有统一的文化内涵。(图6-35)

(3)铜鼓文化。

铜鼓是壮族文化的象征,它既是乐器,又是壮族文化传播的载体。壮族人民在庆典中常用铜鼓传递情感、营造氛围。如图6-36所示,这套茶具融入了铜鼓元素,展现了铜鼓文化的魅力。

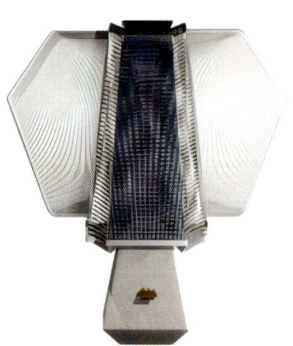

图6-35 方回系列灯具

图6-36 铜鼓茶具

(4)黎族文化。

据考古学家考证和史料记载,至少在新石器时代,就有今广东、广西等地的人横渡琼州海峡,到达海南岛东北部,然后逐渐向全岛分散居住,他们就是如今黎族的先民。

如图 6-37 所示,该礼盒以黎锦纹样为基础,黑色封面象征庄重、恒久与吉祥,表达美好祝福。磨砂质感表皮具有高级感,透明硫酸纸腰封精致,彰显黎锦之美。该设计整体风格高雅精致,表达了黎族人民对历史的纪念、对自然的热爱。

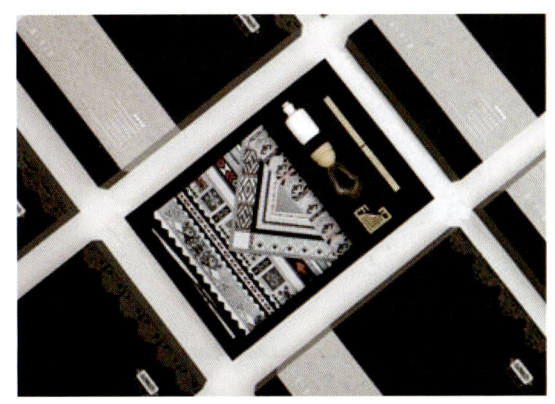
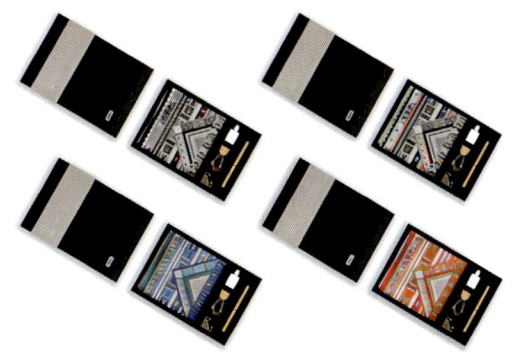

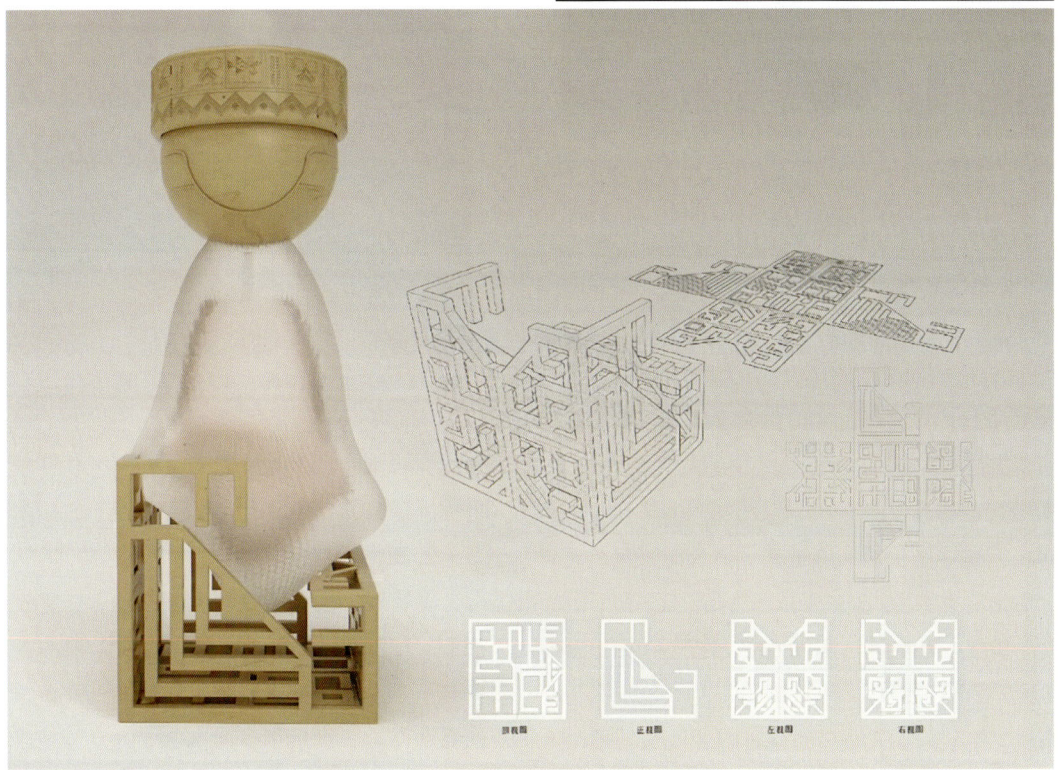

图 6-37 海南文创礼盒

6.4.2 江南地区

江南文化影响面较广，在传统艺术、自然文化、建筑文化及生活文化中均有体现。设计师在以江南文化为基础进行文创产品设计时，需深挖其内涵，并结合历史、艺术、自然与生活元素，展现江南文化的魅力。

1. 枫桥古镇文创产品

枫桥古镇，得名于唐代诗人张继的名篇《枫桥夜泊》，是江南地区一颗璀璨的明珠。作为大运河沿线的代表性古镇，枫桥古镇以其独特的水乡风貌、古老的石拱桥梁和精致的建筑吸引着无数游客。枫桥古镇有悠久的历史和丰富的文化遗产，是设计师们的灵感源泉。

（1）枫桥夜泊纸雕灯。

如图6-38所示，该产品旨在打造一个文化IP，讲述发生在寒山寺的枫桥夜泊的故事，构建诗意场景，使人们产生情感共鸣。该产品深入挖掘古镇故事，文化内涵丰富且具有创新性，能够让消费者产生情感共鸣。

图6-38 枫桥夜泊纸雕灯

（2）枫桥音箱。

如图6-39所示，该产品以苏州城墙与枫桥夜泊的故事为设计灵感，是一个黑胶唱片机与蓝牙音箱的套装。黑胶唱片机形似小舟，机身融合了城墙与湖水元素；蓝牙音箱采用月亮造型，完美营造了诗意氛围，兼具实用性与观赏性。

2. 蓝夹缬文创餐具

蓝夹缬技艺是中国传统印染技艺，秦汉时兴起，唐宋时鼎盛，后为皇家专用。蓝夹缬技艺主要包括雕版、制靛、印染3个步骤。2011年，蓝夹缬技艺被列入第三批国家级非物质文化遗产名录。

如图6-40所示，蓝夹缬文创餐具融合戏文场景与生活场景，生动再现了温州当地的文化习俗。餐具采用

图6-39 枫桥音箱

图6-40 蓝夹缬文创餐具

金属材料与烤漆工艺，致敬民间工艺，实现了现代设计与民间工艺的完美融合，为民间工艺注入活力。

3. 黄梅戏文创积木

黄梅戏，旧称黄梅调、采茶戏等，是安徽省代表性戏剧。如图6-41所示，黄梅戏文创积木将戏曲人物形象与积木融合，艺术感强且通俗易懂。该设计注重人们的互动体验，满足了多方需求，为江南地区的文创产品设计注入了新活力。

4. 十景方扇

如图 6-42 所示，十景方扇以苏州书画与雅扇工艺为设计灵感，融入苏州十景及山水元素，以逆光剪影营造氛围，以镜面装饰展现对称美。该文创产品表达了崇尚自然、追求和谐的生活态度，为文化传承与创新注入活力，为人们带来全新的审美体验。

图 6-41 黄梅戏文创积木

图 6-42 十景方扇

6.4.3 中原地区

中原是一个地域概念。广义的中原文化包含中原地区的物质文化、制度文化及精神文化。从地域的角度出发，中原文化的产生与发展是中原地区文化形式和内容长期传承的结果，也是中原文化兼收并蓄其他文化的结果。总之，中原文化是地理、人文、历史相互作用的产物，具备独特的文化内涵。

中原文化具有传承性、独特性、原创性、开放性，受环境、人文等因素影响，经历史演变而形成。中原文化是中华文化的重要组成部分，它与周边文化碰撞融合，吸收并影响着周边文化。

中原文化涉及物质、精神、制度 3 个层面。物质层面涉及生产生活的各个方面，精神层面涉及意识、情感、信仰等方面，制度层面涉及民风民俗、法规制度及哲学思想等方面。

1. 物质层面的文创产品

（1）汉字文化——生肖甲骨文书签。

殷墟是中国商朝后期都城遗址，被视为中华文明的重要起源地。甲骨文是殷墟考古的重大发现，是迄今为止中国发现的年代最早的成熟文字系统。甲骨文与现代汉字一脉相承，是中华文明的根脉，承载着人类共同的文化记忆，具有极高的人文价值。

如图 6-43 所示，十二生肖甲骨文书签是甲骨文在现代生活中的创新应用，每枚书签都是精美的艺术品，蕴含着深厚的文化内涵，讲述着文字传承的动人故事，为阅读增添了诗意。

（2）青铜文化——青铜器元素首饰。

青铜文化是中华文明的重要组成部分，影响深远。如图 6-44 所示，青铜器元素首饰借鉴了商后母戊鼎、商妇好青铜鸮尊等青铜器，整体线条简洁，由高品质金属打造，保留金属原有光泽，展现青铜器之美。

2. 精神层面的文创产品

龙象征智慧、勇敢、吉祥、尊贵，是中华文明的图腾和独特标识，也是全球华人的精神纽带。河南考古发现众多龙形象文物，濮阳西水坡遗址出土的蚌塑龙和洛阳偃师二里头遗址出土的夏绿松石龙形器是其代表。

（1）神龙文化——龙生九子盲盒。

如图 6-45 所示，龙生九子盲盒采用传统布艺刺绣挂件展现龙九子形象，龙马为隐藏款。

108 / 文化创意产品设计

【甲骨文】

图 6-43 十二生肖甲骨文书签

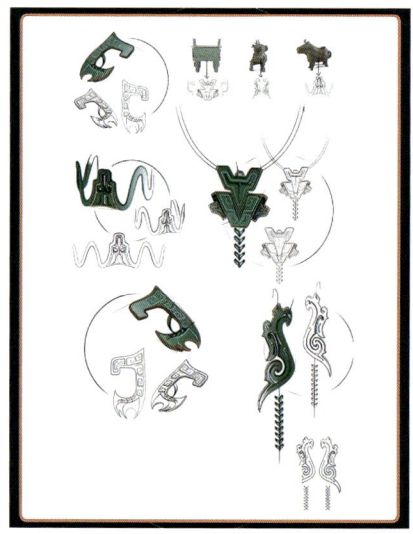

图 6-44 青铜器元素首饰

图 6-45 龙生九子盲盒

（2）神龙文化——龙辰辰。

如图6-46所示，龙年春晚吉祥物龙辰辰结合多种文物元素进行设计，包括洛阳偃师二里头出土的夏绿松石龙形器的龙鼻和南阳淅川县出土的春秋云纹铜禁的眉弓、龙肩装饰。龙辰辰融合传统文化与时代精神，整体造型美观，深受人们喜爱。

3. 制度层面的文创产品

（1）民风民俗——端午节文创茶具。

端午节，是中国传统节日之一，是集拜神祭祖、祈福辟邪、欢庆娱乐为一体的民俗大节。如图6-47所示，端午节文创茶具以粽子为设计灵感，其中盖纽以粽叶为设计元素；茶杯呈三角形，倒扣像一颗晶莹剔透的粽子；杯垫中融入了水波纹元素，放置杯子的时候像将粽子投入水中，寓意祈求平安。该茶具在色彩设计上采用渐变色，整体风格青春、活泼。

（2）法规制度——《道德经》文创文具。

《道德经》主要论述"道"与"德"："道"不仅是宇宙之道、自然之道，而且是个体修行之道；"德"不是通常意义上的道德或德行，而是修道者所应具备的特殊的世界观及方法论。

如图6-48所示，《道德经》文创文具融入了中国古代文化的经典元素，使产品既具有浓厚的文化气息，又符合现代审美。

图6-46　龙辰辰

图6-47　端午节文创茶具

图6-48　《道德经》文创文具

6.4.4 其他地区

其他地区包括内蒙古地区、东北地区及新疆、西藏、青海等地。

1."匈奴王冠"系列文创产品

如图 6-49 所示,"匈奴王冠"系列文创产品借鉴匈奴文化元素,对其进行现代视觉呈现。该系列文创产品在色彩上大胆创新,整体形象清新活泼,兼具审美价值和实用价值。

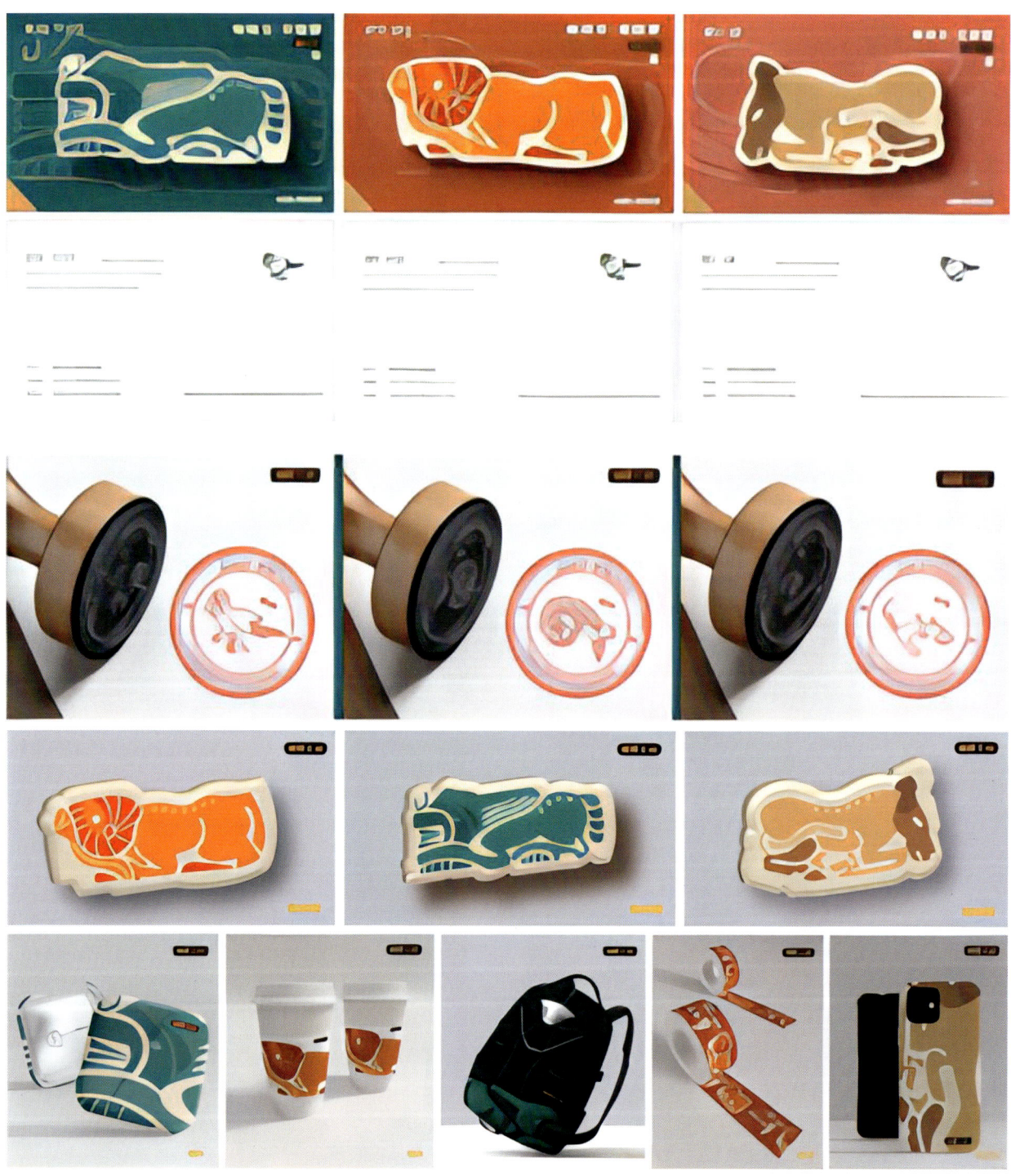

图 6-49 "匈奴王冠"系列文创产品

2. "张掖丝语"系列城市文创产品

张掖市在古代是丝绸之路必经之地,如今是中国西北地区的交通枢纽城市。张掖市文化底蕴深厚,人文景观丰富,是国家历史文化名城和中国优秀旅游城市。

如图 6-50 所示,基于张掖市深厚的历史文化背景,设计师打造了"张掖丝语"系列城市文创产品,成为张掖市的城市名片。

图 6-50 "张掖丝语"系列城市文创产品

3. 云南甲马版画文创产品

甲马版画是一种流行于民间的木刻版画艺术，主要用于祈福、祭祀等活动，具有精神寄托、心理调节等功能，是一项极其珍贵的民俗文化遗产。

作为日用品，云南甲马版画相比其他木版年画更重视使用功能而非装饰功能，因此形成了线条粗犷、造型天真、刻画利落的特点。图6-51所示为云南甲马版画文创产品，其所展现的视觉张力与蓬勃的生命力令人惊叹。

图6-51 云南甲马版画文创产品

4. 蒙古族图案文创香具

蒙古族图案是中华民族重要的文化遗产。蒙古族图案包括龙卷纹、盘肠纹、行云纹等，它们以流动的线条装饰蒙古人的生活用具，包括奶茶碗、铜壶、马鞍、乐器、家具、服装、地毯等，展现出粗犷、华贵、古朴之美。蒙古族图案展现了蒙古族豪迈的精神，是中华民族文化宝库的重要组成部分。

如图6-52所示，该文创香具采用蒙古族图案元素，材质上，以黄铜材质展现自然美感；色彩上，黄与藏蓝交织；外观上，焊盘设计融合了蒙古天空、草原等元素，尽显蒙古特色。

图6-52 蒙古族图案文创香具

习 题

一、简答题

1. 简述地域文化的概念与特征。
2. 简述地域文化创意产品的设计原则。
3. 简述文创设计中地域文化元素的转化与应用。

二、思考题

以"我的家乡"为主题，提取具有代表性的地域文化元素，结合地域文化创意产品的设计原则，提出文创产品设计思路。要求主题明确、有地域代表性、有较高的辨识度。

第 7 章
特色文化与文创产品

教学目标

（1）了解并学习特色文化的文创产品类型。
（2）了解并掌握特色文化的文创产品设计方法。

【本章教学框架】

教学要求

知识要点	能力要求	相关知识
博物馆文创产品	（1）了解博物馆文创产品开发现状 （2）掌握博物馆文创产品开发策略	博物馆馆藏资源
食品文创产品	（1）了解食品文创产品开发现状 （2）掌握食品文创产品开发策略	文创食品
红色文创产品	（1）了解红色文创资源 （2）掌握红色文创产品设计原则与方法	红色文化
校园文创产品	（1）了解校园文创产品开发现状 （2）掌握校园文创产品设计方法与推广策略	高校文化

推荐阅读资料

（1）陈蕊.高校文创产品设计与推广研究[J].产业创新研究，2020（10）：115-116.

（2）任志艳，赵雪珂.陕西历史博物馆文创产品现状与创新开发研究[J].西安文理学院学报（社会科学版），2023，26（4）：53-59.

基本概念

我国大力推进中华优秀传统文化的保护与传承工作，实施文化建设工程，为文创产业开辟了新的发展机遇，文创产品门类逐渐丰富，设计产业稳健发展，地域文化、民间工艺在设计中被广泛运用。在政策引导、商业运作、区域需求的协同作用下，相继出现了一些具有特色的文创产品形式，如博物馆文创产品、食品文创产品、红色文创产品、校园文创产品等。这些文创产品逐渐走进大众的视野，在文化传播、传承和创新发展中发挥着不可替代的作用。

7.1 博物馆文创产品

7.1.1 博物馆文创产品概述

1. 博物馆文创产品的概念

实施中华优秀传统文化传承发展工程，是建设社会主义文化强国的重大战略任务，对于传承中华文脉、全面提升人民群众文化素养、建设社会主义文化强国、推进国家治理体系和治理能力现代化具有十分重要的意义。博物馆文创产品是在充分考虑文创产品基本特性的基础上，通过巧妙地利用博物馆自身的资源，采用提取、重组等富有创意的设计方法，创造出的创意产品。这些产品延续了博物馆馆藏资源的符号、形式、风格等，兼具文化性和实用性。

设计师应充分利用博物馆馆藏资源创造具有审美价值、文化价值和实用价值的新产品，并获得市场认可。博物馆文创产品涉及范围广泛，包括日常用品、复制品、电子产品、纪念品等。设计师需兼顾产品的市场需求与文化价值，因为产品的文化价值不仅可以带来经济效益，还能促进文化传承。博物馆作为传承中华优秀传统文化的场所，肩负促进国家文化发展、提升国家文化软实力的责任。

2. 博物馆文创产品的特征

（1）丰富的文化内涵。博物馆文创产品的最大优势在于其汇集了世界各地灿烂、辉煌的文化，记录了人类文明的发展历程，为文创产业的发展提供了重要支持。各博物馆馆藏资源独具特色，为文创设计提供了依据。设计师依据博物馆馆藏资源开发产品并投放市场，促进博物馆文创产业的发展。

（2）丰富的表现形式。博物馆文创产品在品牌、影视、学术等方面有很大的发展空间。在新消费时代，博物馆文创产品不再局限于单一的纪念品形式。影视节目、互动展览等都可以用来展现博物馆文创产品的文化内涵。

（3）极高的社会关注度。博物馆是中国传统文化的载体，各地博物馆传承并发扬着当地的历史和文化。博物馆文创产品挖掘各地博物馆馆藏资源并因此获得广泛关注。同时，博物馆文创产品的关注度可作为衡量博物馆在经济和教育方面贡献的标准之一。

3. 博物馆文创产品的分类

（1）馆藏复制品。博物馆的高销量产品多为馆藏复制品，设计师将博物馆藏品图样简单复制或按比例缩小，以摆件、挂件、饰品的形式售卖。人们购买这些商品相当于将博物馆的藏品以另一种形式带回家，消除了人们对博物馆藏品的陌生感。

（2）艺术纪念品。这类文创产品追求美学价值，其设计灵感多源于博物馆藏品、建筑风格及历史文化故事。设计师会重新构思艺术纪念品的花纹、工艺和色彩，将其打造成富含文化气息的产品传递给人们。

（3）艺术创意品。这类文创产品追求对创意的展现，其设计灵感来源于博物馆中的藏品或者有趣的IP形象。设计师将这些创意点作为产品的核心特征，使用现代设计语言加工其中的文化元素，既能传播传统文化，又能引发人们的共鸣。

（4）体验类产品。场景化消费的发展升级确实使得人们更愿意为感官体验消费买单。这种趋势下，文创产品及艺术场景体验成为消费主流，而且场地不再局限于传统的博物馆内。各类新型交互技术的应用为消费者提供了多样化的感官体验，让他们在深厚的博物馆氛围中沉浸式感受文化内涵。

（5）联名产品。近年来，博物馆经常推出联名产品，这种营销方式受到广泛关注。对博物馆而言，跨界联名能够吸引强烈的市场关注，使馆藏产品通过知名品牌被推广至消费者面前；对品牌而言，在产品风格相对固定的情况下，通过与不同博物馆合作联名，可以探索更新颖的风格，提升品牌形象，为消费者带来全新的品牌体验，从而提升他们对品牌的喜爱度。消费者对博物馆联名产品的认可度极高，形象地用"一次购物，双重享受"来形容也不过分。图 7-1 所示为故宫与安踏合作推出的联名球鞋及与 B.Duck 小黄鸭合作推出的联名 T 恤。

以上是博物馆文创产品的分类概述。在我国博物馆文创产品中，占比最大的是馆藏复制品，其他类别的文创产品占比较低，且结构不均匀。馆藏复制品制作成本较低，且作为主推产品销量较高，因此占比最大；而其他类别的文创产品开发与设计成本较高，销量较低，因此占比较少。国内博物馆除了具备储藏文物、公开展览等功能外，还具备学术研究功能，相关专家学者在文化研究方面的投入也较多。为传承、发扬和传播博物馆馆藏，馆藏复制品成为最主要的博物馆文创产品类型。

7.1.2　博物馆文创产品开发现状

1. 国外博物馆文创产品开发现状

国外博物馆文创产业起步较早，20 世纪 70 年代已有专业公司成立并进行商业化运营。经多年发展，形成了较为完整的产业链，产品能满足多样化需求，已高度产业化。文创产品的销售有助于增加博物馆展览流量，能支持博物馆免费开放。如大英博物馆，其知名文物均有原物复制品。罗塞塔石碑的复制品、盖亚·安德森猫的复制品是大英博物馆文创产品的代表。（图 7-2）

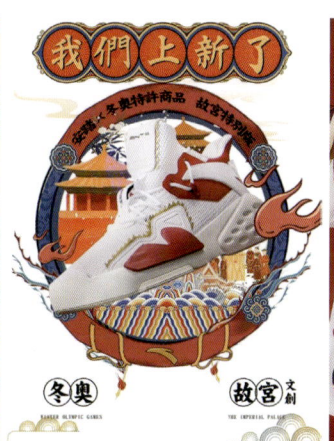

图 7-1　故宫与安踏推出的联名球鞋、故宫与 B.Duck 小黄鸭推出的联名 T 恤

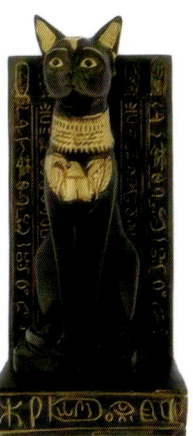

图 7-2　大英博物馆文创产品

大英博物馆采用多种文创产品开发模式，如馆藏文物再设计、品牌合作、在网上开设全球商店等。设计师从馆藏文物中提取元素与现代产品功能结合，使产品兼具文化内涵与实用价值。节日时，大英博物馆官方网站会更新相应页面，如圣诞礼物板块，提供多样化文创产品。

2. 国内博物馆文创产品开发现状

我国博物馆文创产业较国外发展起步晚，各地博物馆文创产业发展不均衡。国内的一些大型博物馆如故宫博物院、河南博物院、敦煌市博物馆等已经推出了许多优秀的文创产品，它们开发的文创产品独具特色，在营销方面也引人注目，从博物馆线下文创商店到线上旗舰店，从单一的产品售卖到IP授权联名等，文创产品销售呈现多样化发展趋势。

（1）故宫文创产品的发展状况。

故宫文创产品呈多元化发展趋势，并逐渐从馆藏复制品转向实用性产品与创意性产品，涵盖生活的方方面面。故宫积极授权联名设计，开展品牌合作，其与电视剧联名推出的彩妆产品深受年轻人喜爱，实现了多方合作共赢。

（2）河南博物院的文创产品开发策略。

河南博物院的文创产品开发主要有3种形式。一是以视觉设计为主的纪念品，如唐宫仕女IP书签、丝巾等，拉近了消费者与文物的距离；二是美食产品，如玉器棒棒糖、雪糕等，为消费者带来双重享受；三是沉浸式考古盲盒，深受年轻消费者喜爱。河南博物院推出了"一起考古吧"小程序，使消费者可以在线参与考古。为满足年轻消费者需求，河南博物院推出了普通盲盒和进阶版互动盲盒。其中，普通盲盒包括仕女乐队系列盲盒和"一鸮倾城"盲盒。（图7-3、图7-4）

（3）敦煌市博物馆的珍藏与合作。

敦煌市博物馆藏品丰富，史料价值较高，是古丝绸之路的印记。在文创方面，敦煌市博物馆以现代流行艺术风格重新演绎敦煌壁画，并与天猫平台合作，通过直播等形式展示文物和文创产品。敦煌市博物馆还与其他品牌合作推出中秋礼盒、开设敦煌主题餐厅等，为消费者提供了多元文化体验，获得广泛好评。（图7-5）

图7-3　仕女乐队系列盲盒

图7-4　"一鸮倾城"盲盒

图 7-5　敦煌市博物馆中秋礼盒

博物馆文创产品植根于丰富的文化资源，承载着独特的文化内涵。如陕西历史博物馆展现唐朝宫廷文化，苏州博物馆传递江南水乡韵味。当前博物馆文创产品设计呈现两种特征：一是保守型，保持文物原有形态，不制作系列印刷品，确保产品的历史真实性和文化深度，但可能显得单调；二是市场导向型，注重趣味性和实用性，结合现代科技，创造兼具文化价值和实用价值的文创产品，以满足市场需求。

7.1.3　博物馆文创产品设计方法与开发策略

1. 博物馆文创产品设计方法

（1）故事叙述。故事叙述基于叙事学理论，游戏大师克里斯·克劳福德提出了互动叙事理论，强调用户与故事世界的深度互动。玛丽-劳尔·瑞安将交互叙事分为外层、中层和内层：外层聚焦叙述本身，中层侧重用户参与，内层则通过实时互动动态生成故事事件，使用户获得沉浸式体验。

在博物馆文创设计中，故事叙述至关重要。设计师作为叙事者，在交互层确定主题、营造情境，运用多种技术进行创作；在体验层构建情节以提升用户的参与感；在表达层则通过文本、图像等形式来展现故事内容。消费者作为产品的接收者，可感受产品的叙事魅力，并通过体验反馈来丰富产品的叙事内容，形成闭环。此方法能够传递产品的文化内涵，与消费者建立情感联系，实现文化传承与创新。

（2）符号挖掘。在竞争激烈的市场中，博物馆文创产品必须准确把握核心价值观，挖掘馆藏资源中的符号元素。设计师应以设计符号学为理论框架，从语意、语用、语境、语构 4 个维度解读博物馆文化，构建设计模型。在语意维度，区分显性语意和隐性语意，为设计奠定基础；在语用维度，深入研究用户文化背景，精准定位需求；在语境维度，关注用户使用情境，探索设计问题和解决方案；在语构维度，注重产品的文化元素构成，以传递博物馆的文化魅力。

（3）情境体验。"情境"指特定环境下交织的因素及其相互关系。情境体验设计包含用户、馆藏资源、媒介、空间环境、文创产品 5 个要素。基于这些要素和情境分析，可构建文创产品情境体验设计模型。设计师分析人与产品、环境的关系，明确设计问题和设计限制，创造特定情境的文创产品。用户在环境中通过媒介互动，沉浸式体验馆藏文物的魅力。

以河南博物院推出的"失传的宝物"系列考古盲盒为例，该产品通过深入的情境分析，明确了考古挖掘流程、考古工具及挖掘的土壤等关键要素，并为用户配备了迷你版考古手套和洛阳铲等工具，模拟真实的考古场景。通过盲盒的形式，用户能够亲自挖掘"宝物"，从材质、工艺和形状等多个角度探索这些"宝物"，进而了解其历史文化背景，获得难忘的情境体验。（图 7-6）

2. 博物馆文创产品开发策略

（1）基于故事叙述的游戏化设计。游戏化设计是将游戏元素和机制引入非游戏场景。在博物馆文创产品设计中，游戏化设计让用户通过游戏化过程更深入地理解博物馆文创产品的文化内涵。受综艺节目影响，"剧本杀"等游戏促进了"游戏+文创"模式的发展，为文创产品的叙事性开发提供了广阔的空间。

（2）基于符号挖掘的品牌跨界。在当前万物皆可跨界的时代，各大企业与品牌都在积极寻找合作伙伴，共同打造更广阔的产品市场。博物馆文创产品跨界设计应挖掘博物馆藏品的文化符号，与热门 IP 合作，增强品牌效应。

（3）基于情境体验的数字融合。在数字时代，博物

图 7-6 "失传的宝物"系列考古盲盒

图 7-7 超活化系列战斗兵马俑手办

馆文创产品开发的显著特征是情境体验的数字融合。新技术如大数据、云计算等应用广泛，个性化体验备受关注。新媒体媒介为博物馆文创设计提供动态影像，突破传统设计模式，为人们提供全新的视听体验。如"数字故宫"小程序，让人们通过手机参观并了解文物。数字技术使人们直观地与文物互动，丰富其参观体验，增强了博物馆的文化传播效果，成为主要开发策略。

（4）基于解构文化资源的内容创新。中华文明历史悠久，博物馆承载独特文化内涵。将地方特色文化融入文创产品，可避免其同质化，突显文创产品的文化个性，增强文化认同感。设计师对文物进行现代化处理，应了解其背景，寻找与现代生活的融合点。《唐宫夜宴》舞蹈作品的灵感源自河南博物院文物，通过真人演绎活化文物，引发情感共鸣。陕西历史博物馆推出了超活化系列战斗兵马俑手办，在兵马俑造型的基础上，融入了现代士兵的动作和武器，真实展现了战士保家卫国的英勇形象，使文物焕发生机。（图 7-7）

（5）融合传统工艺，继承东方美学。文化遗产不仅是人类智慧的结晶，更是民族精神、价值观念和审美观念的体现。不同博物馆的文创产品在地域文化的影响下，展现出各具特色的美学形式。例如，中国国家博物馆文创产品以中式美学为主要特征，故宫博物院的文创产品突显紫禁城的生活美学，苏州博物馆的文创产品彰显苏式美学。这些美学形式激发了人们对地域文化的探索欲望。

在文创产品设计中，形式美感主要通过造型、色彩、工艺和材质等视觉元素的运用来呈现。如图 7-8 所示，苏州博物馆的"沈周玉兰缂丝"系列文创产品将本地非物质文化遗产缂丝进行设计转化，创造出背包、钱包、护照夹等精美且实用的现代生活用品。该系列产品古朴典雅、富有韵味，传承了苏州缂丝织造技艺这一非物质文化遗产。"海棠花窗"系列文创产品（图 7-9）融合了苏式花窗造型与金、铜材料，生动地展现了苏州独特的园林文化。文创产品设计不应仅注重实用价值，还应注重文化价值和审美价值。设计师无论复刻文物还是

第 7 章 特色文化与文创产品 / 121

对其进行创新设计，都必须联系人们的生活，设计出工艺精细、质感优良的文创产品，以展现传统文化的深厚魅力。

（6）依托科技力量创新体验形式。河南博物院凭借其独特的地理位置和雄厚的科技力量拥有文创产品开发得天独厚的优势。河南博物院将人工智能技术与文化创意产业结合，改进博物馆文创产品的开发方式，采用人工智能等新技术，开发满足消费者需求的文创产品，拓宽了传统文化的智慧传播途径，实现了博物馆文化资源的创新利用。AR 和 VR 等新兴技术也在文创产品中得到了应用。例如，故宫博物院推出了"大内咪探"AR 绘本，通过新技术生动地展现故宫的历史文化，为人们提供了寓教于乐的学习方式，不仅提升了人们的生活质量，而且实现了文化创意的科技化落地。（图 7-10）

（7）根据消费者需求开发多元化系列产品。文化创意产品设计需兼顾创新性、功能性、审美性和文化性，以满足不同消费者的需求。故宫博物院推出的文创产品针对性较强，包括针对女性消费群体的彩妆、针对男性消费群体的联名电子手表、针对老年消费群体的吉祥产品，以及针对儿童消费群体的益智游戏和绘本。

图 7-8 "沈周玉兰缂丝"系列文创产品

图 7-9 "海棠花窗"系列文创产品

图 7-10 "大内咪探"AR 绘本

7.2 食品文创产品

7.2.1 食品文创产品概述

1. 食品文创产品的概念

食品文创产品是结合文化主题与创意设计的产品。从文创产品角度看，它依托食品属性，通过创意手段表现文化内涵；从食品设计角度看，它以食品为设计对象，用创意方法展现文化韵味，营造饮食新体验。食品文创产品结合文化与美食，顺应文化与产业的融合趋势，高效传播文化，构筑新消费形态。传统美食蕴含深厚的文化内涵，易于打动消费者，增进其对传统文化的认同。食品是文化认同的渠道，更是隐秘的文化传播媒介。食品文创产品将文化与美食结合，既满足消费者饮食需求，又传承文化精髓，拓宽文化消费市场，实现文化与产业的双赢。

设计师可以从以下角度入手进行食品文创产品的设计。

（1）食物为材的设计视角。传统饮食文化领域发生变革，食物设计成为新热点。食物不仅是人们的基本需求，更是文化的突出载体。食物兼具功能性和文化性，是信息传播的媒介。食物内涵丰富，设计师可从烹饪方式、用餐环境等方面进行创意设计，发扬美食文化，升级人们的感知体验。

（2）美食承载的文化体验。传统小吃是城市文化的关键部分，关乎饮食健康与城市形象，可助力提升城市文化发展水平。城市文化包含自然环境、历史人文与美食等要素，设计师应将美食变为情感载体，结合当地文化，突出美食的符号功能，使之成为文化传播的媒介。

（3）饮食文脉的意境诠释。中华民族在长期的物质生产生活中创造了丰富、灿烂的饮食文化，这些饮食文化成为中国传统文化独具特色的组成部分。关于饮食文化的起源，国内学者大多认为饮食文化是从火的发明和使用开始的。火的使用使人们完成了从生食到熟食的饮食转变。熟食的形成一方面为烹饪技术的多样化发展创造了可能，另一方面催生了多种烹饪工具和技术。随着食物品种的丰富，人们开始寻找更多制作食物的方法。食物烹饪方法经过人们代代相传，形成了独特的文化传统。设计师可从饮食文化传统入手进行创意设计，在传承饮食文脉的同时满足人们的实用与审美需求。

2. 食品文创产品的特征

食品文创产品主要包含以下特征。

（1）创意包装。如图7-11所示，食品文创产品的包装在提升产品形象、吸引消费者关注方面具有重要意义。与食品文创产品相呼应的包装可以提高消费者的购买兴趣，使产品脱颖而出。同时，优秀的食品文创产品包装可以与食材本身结合，共同弘扬民族与地域文化，使消费者在享用美食的同时了解中华优秀传统文化。

图7-11 延安1938文创食品包装

（2）标志性意象。标志性意象为食品文创产品提供了丰富的灵感来源。洛阳的建筑如白马寺、应天门等，为洛阳本地乃至河南文创食品提供了源源不断的创意灵感。设计师可以对标志性意象进行夸张、变形和重组，满足消费者的多种感官体验。沈阳故宫的食品文创产品如图7-12所示。

（3）设计行为交互。为了丰富消费者的使用体验，引导消费者与食品文创产品进行互动，设计师可在设计中加入某种特定形式，称为设计行为交互。例如，将拼图游戏、挖掘宝藏游戏等与食品结合，创造具有交互性的食品文创产品。这种方式可以推动消费者主动探索，提升食品文创产品的趣味性。（图7-13）

费者的需求，增强消费者的参与感。同时，可利用电子投屏等现代科技手段展示食品文创产品，增进消费者对产品的了解。（图7-14）

图7-12　沈阳故宫的咖啡馆甜品

图7-14　沈阳故宫的咖啡馆

7.2.2　食品文创产品开发现状

近年来，文旅产业正经历深刻变革，由传统的人文风景区模式转向以文化体验为中心的多层次模式。文创产品是消费者文化体验的重要载体，其中食品文创产品具备"美味体验"与"文化交流"双重属性，比文具、礼品等更具趣味性、推广性和普及性。中国饮食文化地域特征明显，在食品文创产品中融入地域文化和传统工艺，能唤起人们对传统文化的喜爱。食品文创产品有故事、有内涵、有创意，成本低廉，可融合传统文化与现代生活，在文旅产业发展中发挥了巨大的作用。目前，食品文创产品开发尚处萌芽阶段，自2020年起相关讨论逐渐增多。2021中国食品文创产业博览会暨中国酒水饮品产业博览会在深圳举办，食品文创产品的关注度迅速提升，无论线下旅游渠道还是线上电商渠道，均受到广泛关注，发展前景良好。

食品文创产品开发应注意以下问题。

（1）食品安全问题。食品文创产品大多具有特殊的外观，如金箔冰激凌（图7-15），但食品文创产品作为食品类别之一，显然不能仅以特殊的外观为卖点，还应关注食品的安全性。可识别的安全食品是人们"品质消费"的需求，食品文创产品的安全底线事关消费者能否买得放心、看着舒心、吃得安心。

（2）市场定位问题。造型生动、内涵丰富的食品文创产品，在流量的加持下，引发了价格过高的争议。有

图7-13　"洛阳城·夏"冰激凌文创产品

（4）门店体验。门店体验是营销食品文创产品的重要手段，良好的门店体验能提升消费者对产品的认同，吸引更多消费者购买产品。门店环境应按食品文创产品特色进行设计，融入地域元素，营造独特氛围。门店应提供定制包装、专业介绍、体验区等特色服务，满足消

图 7-15　金箔冰激凌

图 7-16　广东省博物馆文创蛋糕

别于奢侈品的"炫耀式消费"，食品文创产品的内核是让消费者品文化、享美食，具有即时性、普适性和场域性特点。以消费者为导向、以价值为基础的差别定价模式更符合商业实际，轻奢品的定位不利于食品文创产品的传播和接受。

（3）文化本位问题。目前，许多文物单位推出了文创雪糕、文创蛋糕（图 7-16）等食品文创产品，虽然提高了文物单位的知名度，但消费者的审美疲劳也相应出现。此外，设计师在将文化符号转换为食品的过程中，存在设计原型选取不当的问题，如用人物形象进行食品设计，能指与所指不符，具有违和感，无益于产品文化内涵的展示。

7.2.3　食品文创产品开发策略

食品文创产品开发包含以下策略。

（1）文创食品化。以博物馆为代表的各大文物单位、旅游景区纷纷将馆藏精品、特色景点设计成精巧可爱的甜品，这类食品文创产品兼具快消品和伴手礼的双重身份，完成了从文物到食物的转化。文创食品化，以食品的形式完成对文化的传承，也是传统文化借力食品、拓展多维度发展渠道的有效实践。目前，味道浓郁、形式逼真的文物雪糕大热，但它们基本集中于文化的外在有形层面，有待层层深入、递进开发，直抵文化的核心价值层。

（2）食品文创化。食品行业采用"+文创"的跨界融合战略，将传统行业与文化 IP、现代创意结合起来，催生出新 IP、新产品。食品文创化是食品行业发展的新方向，也是品牌差异化竞争的重要手段。2022 年 5 月，茅台冰激凌首发，线上、线下销售成绩亮眼，一时间成为网络"引爆点"。食品品牌与文化 IP 结合实现了文化与情感的连接，使"老字号"融入"新潮流"。

食品文创产品是文化、创意、食品融合的产物，具有文化特色且市场前景广阔。研究食品文创产品的开发策略，可以推动食品文创产品创新设计。

7.2.4　食品文创产品设计案例

食品文创产品以其独特的方式，为现代人的餐桌增添了一抹浓厚的历史文化韵味。这类文创产品是对传统饮食文化的传承,通过创意设计和现代食品工艺,融入文物背后的故事,让人们在品味美食的同时感受到深厚的文化底蕴。将食品文创产品按照提取的有形文化元素分类,可以分为以下种类。

1. 以文物为主题的食品文创产品

这类文创产品以丰富的文物元素为灵感源泉,通过巧妙的构思和精湛的制作工艺,将古代的饮食器具、食材、烹饪方式等文化符号转化为色、香、味俱全的美食。比如,以古代玉盘为模具的糕点不仅造型精美,还蕴含古典文化韵味;以古代名画中的食材为灵感,结合现代烹饪技术研发的菜品能让人们领略古代画家的艺术风采。

(1)颐和园的"颐和八景"糕点(图7-17)将颐和园景观与现代糕点巧妙结合。这款糕点的设计灵感来源于颐和园经典藏品粤绣屏风《百鸟朝凤》,将凤凰、喜鹊等6种瑞鸟和佛香阁、十七孔桥等6种建筑元素融入其中,有金腿五仁、蛋黄莲蓉、红枣核桃等多种口味。该产品以独特造型和精致细节,展现了颐和园的魅力。

图7-18 河南博物院钱币巧克力

图7-17 颐和园的"颐和八景"糕点

(2)河南博物院钱币巧克力(图7-18)是食品文创产品的创新之作,该文创产品将河南博物院珍藏的钱币的造型融入巧克力中,以精致的外形和独特的口感,赢得了消费者的喜爱。这款巧克力致敬了古代钱币文化,是对传统文化的传承与发扬。

(3)三星堆棒棒糖(图7-19)将三星堆遗址的青铜大面具与软糖结合,兼具创意性和美观性。这款棒棒糖采用渐变色,渐变的色彩宛如流转的历史长河,将古

蜀文明的韵味融入其中。棒棒糖在口中融化缓慢,让人们在品味甜蜜的同时,能细细感受三星堆文化的独特魅力。

2. 以花卉为主题的食品文创产品

以花卉为主题的食品文创产品以独特的外观、清新的气味和独特的口感,吸引了人们的关注。这类文创产品通过创意设计和精湛的食品工艺,将花卉元素融入食品中,为人们带来全新的美食体验。

(1)圆明园荷花雪糕(图7-20)以圆明园内盛开的荷花为设计灵感,巧妙地将荷花的清新与甜美融入雪糕

中。荷花雪糕不仅是对圆明园文化的传承与弘扬，更是对现代食品文创产品的探索与创新。荷花雪糕因具有独特的创意和美味的口感，而成为人们游览圆明园时的必尝美食之一。

（2）南北李记文创点心（图7-21）以洛阳牡丹为设计灵感，巧妙地将艳丽的牡丹融入美味的点心中。每一款点心都经过精心制作，外形精致，色彩丰富。品尝这些点心，不仅是一场味蕾的盛宴，更是一次对洛阳牡丹文化的深度体验。南北李记文创点心将洛阳牡丹与糕点完美结合，展现了食品文创产品的独特魅力。

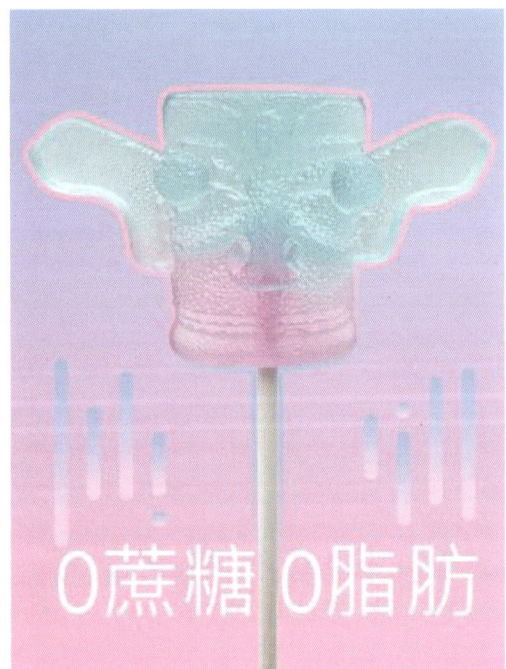

图 7-19　三星堆棒棒糖

图 7-21　南北李记文创点心

（3）玉渊潭公园樱花冰激凌（图7-22）以公园内盛开的樱花为设计灵感，将美丽的樱花融入香甜的冰激凌中。这款冰激凌外形精致，宛如一朵盛开的樱花，粉、绿、黄等颜色与公园内的樱花品种遥相呼应，让人仿佛置身于盛开的花海中。这款冰激凌还具有多种口味，包括香草味、草莓味、巧克力味等，可满足人们多样的口味需求。樱花冰激凌是玉渊潭公园的特色美食，它让人们在品尝美食的同时，感受到樱花的魅力。

3. 以建筑为主题的食品文创产品

以建筑为主题的食品文创产品以其精致的造型、丰富的色彩和深厚的文化内涵，吸引了人们的关注。这类文创产品以世界各地的著名建筑为灵感来源，通过创意设计和精湛的食品工艺，将建筑的轮廓、结构、色彩等元素融入食品中，为人们带来别具一格的美食体验。这

图 7-20　圆明园荷花雪糕

第7章 特色文化与文创产品 / 127

图7-22 玉渊潭公园樱花冰激凌

图7-23 叙利亚文创甜品

类文创产品在外观上往往极具特色,也蕴含着深厚的文化内涵。每一座著名的建筑都是其所在地区历史、文化和艺术的结晶,而将著名建筑的元素融入食品中,不仅是对这些建筑的致敬,而且是对当地文化和历史的传承与弘扬。通过品尝这类文创产品,人们不仅能够获得味蕾的满足,还能够更深入地了解和感受当地的历史文化。

(1)叙利亚文创甜品(图7-23)以仙人掌为原料,包含多款造型独特的饮品与甜品。其中,罗马柱造型搭配由仙人掌果实染成的红色和蝶豆花调成的蓝色,分别代表古城大马士革的玫瑰和大马士革的烤蓝工艺。这不仅是对叙利亚文化的传承与弘扬,而且是对食品文创产品的探索与创新。叙利亚文创甜品将建筑元素与美食文化完美结合,为人们带来了奇特的美食体验,让人们在品味美食的同时,感受到文化的底蕴和历史的厚重。

(2)广东省博物馆经典粤藏系列蛋糕(图7-24)以广东省博物馆"月光宝盒"的造型为设计灵感。此系列蛋糕不仅是对广东省博物馆这一建筑的致敬,更是对食品文创产品的全新尝试。广东省博物馆经典粤藏系列蛋

图7-24 广东省博物馆经典粤藏系列蛋糕

糕将传统建筑与现代美食结合，不仅丰富了人们的味觉体验，而且让人们更加深入地了解和感受博物馆的文化魅力。

（3）洛阳文创雪糕（图7-25）巧妙地融入了洛阳明堂天堂景区等历史建筑元素。洛阳的历史建筑以独特的结构和精美的装饰著称。洛阳文创雪糕通过精湛的制作工艺将历史建筑的轮廓造型和特色元素融入其外观设计中。洛阳文创雪糕是一款集美味、文化和创意于一体的食品文创产品，让人们在品尝美食的同时，感受到传统建筑的魅力和价值。

图 7-25　洛阳文创雪糕

4. 以 IP 为主题的食品文创产品

以 IP 为主题的食品文创产品将动漫、电影、书籍中深受大众喜爱的 IP 元素融入食品设计之中，为文创市场注入了新活力。这些产品不仅满足了人们对美食的追求，更满足了人们对心仪 IP 的情感需求，实现了文化与美食的完美融合。以 IP 为主题的食品文创产品往往具有独特的包装，巧妙地展现了动漫角色、电影场景等 IP 元素，使产品更具吸引力，能够引发人们的情感共鸣。同时，这类文创产品注重与人们的互动，通过举办相关推广活动，加强了人们与 IP 的联系，促进了 IP 文化的传播。以 IP 为主题的食品文创产品不仅丰富了人们的美食体验，而且推动了 IP 文化的发展，为文创市场带来了新气象。

（1）蓝精灵主题雪糕（图7-26）是一款深受人们喜爱的食品文创产品，将经典蓝精灵 IP 与美食完美结合。这款雪糕以蓝精灵为主题，外观精致可爱，生动还原了蓝精灵的形象；整体口感细腻，香甜可口，让人在品尝时能够感受到蓝精灵的活力。作为一款食品文创产品，蓝精灵主题雪糕不仅满足了人们对美食的追求，更通过蓝精灵这一 IP 引发了人们对经典动漫的回忆与共鸣。

图 7-26　蓝精灵主题雪糕

(2)火焰山芭蕉扇雪糕(图7-27)是一款具有地方特色的食品文创产品,它将新疆火焰山与经典IP《西游记》结合,其外观被精心设计成芭蕉扇的形状,整体色彩鲜艳,充满趣味性和观赏性。新疆火焰山芭蕉扇雪糕是一款具有文化内涵的文创产品,通过雪糕这一载体,让更多的人了解和喜爱新疆文化。

(3)迪士尼雪糕(图7-28)是以IP为主题的食品文创产品的典型代表,将迪士尼的经典角色和故事巧妙地融入雪糕的设计中,为人们带来了独特的美食体验。迪士尼雪糕的设计灵感来源于迪士尼的各类动画角色,如米奇、米妮、唐老鸭等,每个角色都有相应的口味和造型。例如,米奇雪糕是巧克力味的,外形精致可爱,还原了米奇的经典形象;米妮雪糕是白巧克力味的,其夹心是草莓味的,充满浪漫气息。

5. 以文字为主题的食品文创产品

以文字为主题的食品文创产品将文字这一独特的文化符号巧妙地融入食品的设计中,不仅丰富了食品的外观和内涵,也为人们带来了全新的文化体验。以文字为主题的食品文创产品不仅造型独特、内涵丰富,还能激发人们对传统文化的兴趣,为文化传承与创新提供新途径。

河南文字雪糕(图7-29)是以文字为主题的食品文创产品的典型代表,巧妙地将河南的地域特色与文字元素结合,为人们带来了全新的美食体验。人们在品尝这款雪糕时,能够感受到河南深厚的历史文化底蕴。

综上所述,食品文创产品具有丰富的主题和多样的形式,打破了传统食品领域的单一格局,为人们提供了前所未有的美食体验。食品文创产品融入了历史、艺

图7-27 火焰山芭蕉扇雪糕

图7-28 迪士尼雪糕

图 7-29 河南文字雪糕

术、地域文化及流行元素，充满故事性和情感价值。食品文创产品让文化以更亲民、更直观的方式融入人们的生活，让人们在享受美食的同时感受到文化的魅力，为文化的传承和发展注入了新的活力。

7.3 红色文创产品

7.3.1 红色文化与红色文创产品概述

1. 红色文化

红色文化，既是革命建设的成果，又是中国特色社会主义文化的鲜明印记。它承载着民族复兴的梦想，激励着中华民族砥砺前行。作为党的先进文化代表，它在历史的各个阶段都发挥了巨大作用。红色文化，是新时代的中国精神，是国家之魂，值得我们深入挖掘并持续弘扬。我们要充分利用红色资源，传承红色传统，弘扬红色基因，探索红色文化发展的新途径，让红色文化焕发新的活力。

2. 红色文创产品

红色文创产品不仅促进了文化与经济的发展，更是新时代传承红色文化的重要方式。我们要深入挖掘红色文化，创新文创产品，以满足社会的新需求。党中央高度重视红色资源的传承与利用，强调要将红色基因代代相传。如今，红色文创产品受到年轻人的广泛关注，红色文化与文创产品的融合，成为推动文化经济发展、传承红色基因的新路径。

文创产品作为媒介，能促进革命地区经济的发展，使红色文化与革命精神重新焕发光辉。在革命地区的文创产品设计中，红色文化是重要的灵感来源。红色文创产品是传承红色文化的重要载体，对于弘扬红色文化、铸牢中华民族共同体意识、推动中华优秀传统文化创新发展、提升国家软实力和国际影响力等都具有重要作用。

3. 红色文创产品类型

红色文创产品可细分为三类。第一类，地域类红色文创产品，源自革命根据地，承载着独特的红色精神与故事，如井冈山文创产品就体现了井冈山精神（图7-30）；第二类，标语类红色文创产品，体现了革命时期昂扬向上的斗争精神（图7-31）；第三类，人物类红色文创产品，以伟人形象、事迹为主题，传承与伟人相关的红色记忆（图7-32）。

7.3.2 红色文化资源分析

红色文化资源包括人物、建筑、文字、物品等多种形式，是红色文化形成与发展的直观体现。通过梳理这些资源，我们能更全面地把握红色文化的历史脉络，明确红色主题，提炼其核心价值，并筛选具有代表性的红色元素，从而更好地传承和弘扬红色文化。

1. 红色伟人

红色文化的最初形成，得益于杰出知识分子接纳并应用科学思想指导中国革命。毛泽东等红色伟人领导人民开创新历史，推动社会进步，此时期形成了独具特色

第 7 章　特色文化与文创产品　/　131

图 7-30　井冈山魔方与徽章

图 7-31　星星之火·竹筒香薰蜡烛

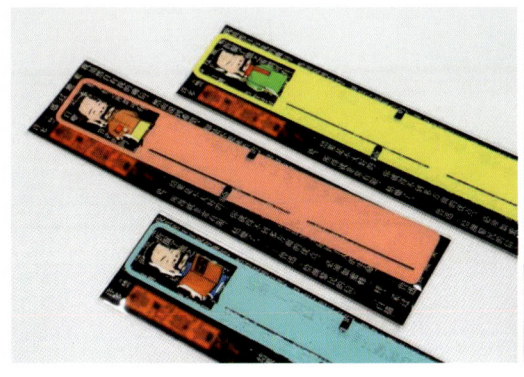

图 7-32　鲁迅箴言尺子和"工农联盟"人物盲盒

的"领袖文化"。毛泽东思想为红色文化蓬勃发展奠定坚实基础，它不仅深刻影响人们的精神世界，还带来社会的巨大变革，至今仍激励着人们为实现中华民族伟大复兴而不懈努力。领袖文化涵盖中国共产党领袖的生平成绩、思想结晶，是红色文化的重要组成部分，体现了人们对领袖的拥护、尊敬与爱戴，以及对领袖言论和思想的认同。（图7-33）

时期为了祖国统一和繁荣发展做出的伟大贡献，展现了中华民族勇于斗争的精神。每一个红色故事都是历史的见证，它们共同谱写了中国人民团结一心、为国奉献的壮丽篇章。例如，小萝卜头这个故事，讲述了因营养不良而被称为"小萝卜头"的孩子，在狱中凭借自己年龄小的优势成为传递消息的"小交通员"，最终壮烈牺牲的事迹。图7-35所示为中共一大纪念馆推出的立体书。

图7-33 "青春是用来奋斗的"系列文创产品

图7-35 中共一大纪念馆推出的立体书

【文创商店】

2. 红色地标

红色地标是红色文化资源的重要代表，包括伟人故居、革命圣地、红色博物馆等。以湖南省韶山市毛泽东同志故居为例，它让人们了解毛泽东青少年时期的生活状况、学习状况和革命活动。红色地标不仅承载红色记忆，更传承红色基因，可为红色文创产品开发提供丰富灵感和素材，促进红色文化传承与创新。（图7-34）

4. 红色精神

红色精神是中华优秀传统文化的升华，与红色文化一脉相承，是民族精神在新的历史阶段的发展。井冈山精神、长征精神等都是党和人民在艰苦岁月中形成的红色精神，体现了中国共产党的优良传统和作风。红色精神是中国共产党留下的宝贵财富，对于传承红色基因、继承优秀传统、培育良好品质，都具有非凡的价值和意义。图7-36所示为红船前行——红色文创尺，是以红船精神为灵感来源的红色文创产品。

图7-34 韶山毛公酒

3. 红色故事

红色故事作为红色文化的重要表现形式，承载着丰富的历史内涵和精神价值。这些故事记录了人民在革命

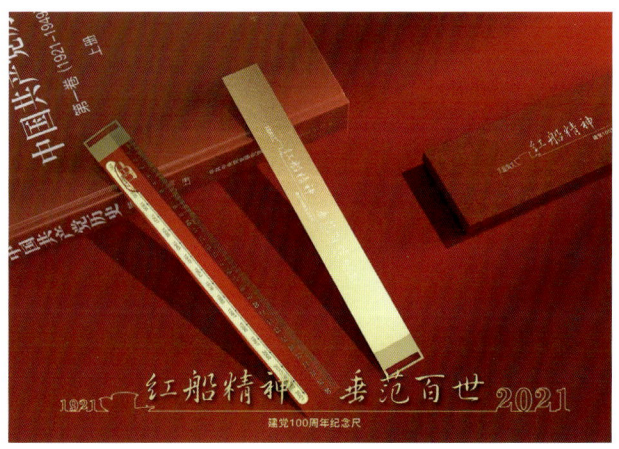

图7-36 红船前行——红色文创尺

7.3.3 红色文创产品开发现状

1. 设计形式及范围受限

当前,红色文创产品多集中于红色景区,设计形式单一,多为雕像、折扇等,缺乏创新性和地域特色,易导致审美疲劳,影响传播效果。为提升产品的吸引力,设计师应深入挖掘红色文化,结合创新设计,打造特色产品。通过差异化设计使红色文创产品成为传承红色文化、展示地域特色的载体,增强消费者的购买兴趣和文化认同感,有效提升红色文化传播力和影响力,打破现有产品单一性和重复性的局限,赋予红色文创产品新的生命与活力。

2. 设计方法单一

红色文创产品因商业条件的限制,往往不能将当地红色文化的存在形态与其他地区区别开来。现阶段红色景区多是将红色元素稍加修改或直接印刷在红色文创产品上,这种设计过于简单直白,缺乏创新性,不能有效传承和弘扬红色文化。

3. 未形成品牌效应

红色文创产品主要在红色景区内销售,购买者多为游客,这影响了产品的品牌建设,限制其市场发展。此外,红色文创产品往往只是简单地应用红色元素,缺乏对红色文化资源内涵的深入挖掘,因此难以形成独特的品牌调性。这要求设计师加强对红色文化的研究和品牌建设,以提升红色文创产品的市场吸引力和认可度。

7.3.4 红色文创产品设计原则与方法

1. 尊重红色文化的历史真实性

"以史为镜,可以知兴替",深入研究历史是确保文化传承与持续发展的关键手段。设计师如果对红色文化没有充分的了解和研究,在进行文创产品设计时将面临极大挑战。在设计红色文创产品时,尊重历史事实是必须坚守的底线。只有以史实为依据,才能赋予红色文创产品更强的表现力和影响力,使红色文化得以生动且有效的传播。

2. 把控红色文化的隐喻性

文化创意产品以独特设计承载丰富文化隐喻,揭示深厚文化内涵。红色文创产品设计需要坚持守正创新原则,融合红色元素与现代设计理念,精准把握产品的文化导向,确保开发、阐释、传播正能量,传递积极的价值观。守正创新理念推动红色文创产品持续健康发展,

为红色文化传承与创新注入新活力,设计师可通过设计创新,展现红色文化的深厚底蕴,并将其与现代审美结合,提升红色文创产品的吸引力与影响力。

3. 挖掘红色文化的深厚底蕴

设计红色文创产品时,设计师要深入展现红色文化元素,使产品的造型、色彩、材质体现"红色韵味"。同时,挖掘不同地域、不同时期的特色红色文化,通过创新设计激发年轻消费群体的好奇心,增强产品的文化传播效果。

4. 确保红色文化载体的时代性

红色文创产品是连接红色文化与现代消费者的桥梁,设计师必须与时俱进,不断挖掘红色文创产品的时代价值,密切跟进现代消费需求。设计师选择时代性的载体,能够将红色精神更高效地传递给消费者,从而真正实现传承红色基因的使命。图 7-37 所示为南昌八一起义纪念馆推出的书立套装。

图 7-37 南昌八一起义纪念馆推出的书立套装

7.3.5 红色文创产品设计案例

1. 利用红色文化资源

红色文化资源具有复杂性和多维性,设计师在利用红色文化资源时不能局限于简单的形式模仿。红色文创产品是连接文化与公众的纽带,设计师在设计时应综合考虑文化的深层内涵和人们的接受程度,如人们对红色历史的了解程度。这样的设计思路有助于将红色文化资源转化为具有时代意义的产品,更有效地传递红色精神。

2. 产品形态的精致化

设计师应注意产品形态的精致化,提炼红色文化中的代表性元素,塑造具有高辨识度的产品,让人们能联想到其文化原型,深入理解产品背后的故事与意义。设计师需要具备精品意识,注重细节,创造出能够引发共鸣的设计形象。如图7-38所示,设计师在设计"新青年"人物形象IP冰箱贴时,精心雕琢人物形象,突出其外貌特征,提升产品的辨识度。鲜活可感、可敬且可爱的IP形象增强了产品的趣味性和文化内涵,引导人们了解革命先辈的奋斗历程和精神风貌,传承"科学探索"和"敢为人先"的精神。精致化的产品形态确保了产品的独特性,避免了同质化问题,提升了红色文创产品的传播力和影响力。

图 7-38 "新青年"人物形象 IP 冰箱贴

图 7-39 "新青年"文创表情包

3. 创新内容、形式和传播渠道

红色文创产品的内容和形式都应与时俱进,紧密贴合新时代消费者的喜好。在形式上,红色文创产品应满足现代审美和消费需求,具备新颖、独特的外观;在内容上,设计师需深入挖掘红色文化的核心元素,并考虑不同年龄段消费群体的认知水平,提炼能使消费者产生强烈共鸣的要素,从而创造出既灵动又富有时代感的文创产品。

如图7-39所示,"新青年"文创表情包巧妙地提取了各种革命话语作为设计题材,并借助社交媒体平台进行传播,使得文创产品的传播既广泛又具有高交互性。这款文创表情包不仅满足了消费者的审美需求,还深刻体现了革命精神,让消费者在日常使用中感受到红色文化的魅力和价值。

4. 产品族群与主题关联设计

随着市场需求的多样化,文创产品系列化设计成为必然选择。产品族群设计通过形态、材质、色彩等方面的相似性构建统一产品系列,丰富产品的视觉形象,提升其整体美感。主题关联设计整合红色文化碎片信息,以"成体系、成系列、成套系"的模式对红色文化进行开发,增强文创产品的整体性和感召力,打造鲜明品牌身份。产品族群与主题关联设计有助于解决红色文创产品同质化问题,加深消费者对红色文化的认知和认同,推动红色文化传承与发展,满足市场多样化和个性化需求。

"新青年"系列文创产品(图7-40),以"新青年的奋斗"为主题,汲取"五四运动"精神,涵盖笔记本、书签、盲盒等多种产品。这些产品既富有思想性又充满艺术感,让消费者深刻体验红色基因的魅力,同时避免消费者审美疲劳,延长了产品的生命周期。

5. 设计定位的生活化

红色文创产品实现教育价值和文化传承的关键在于使消费者持续使用与体验。设计师通过生活化设计，巧妙结合红色文化与现代生活，可满足消费者的日常使用需求。如图 7-41 所示，"新青年"系列键盘融入"五四运动"文化元素，既醒目又实用，提升了产品的文化传播价值，符合年轻人的生活方式。设计师深入调研消费者需求，将产品造型、功能与现代生活融合，使消费者在日常使用中了解红色文化，实现了日常使用需求与红色文化传播的完美结合，达到红色文创产品育人的目的。

7.4 校园文创产品

7.4.1 校园文创产品概述

1. 校园文创产品的概念

校园文创产品，以高校文创产品为代表，其设计核心在于深挖高校的历史底蕴和人文资源，同时融入独特的文化元素。校园文创产品通过符号、色彩、图案和工艺等多种表现形式，将高校文化中那些无形的、抽象的文化要素进行综合处理和创新设计，转化为具有实用价值的产品（图 7-42）。与其他文创产品相比，高校文创

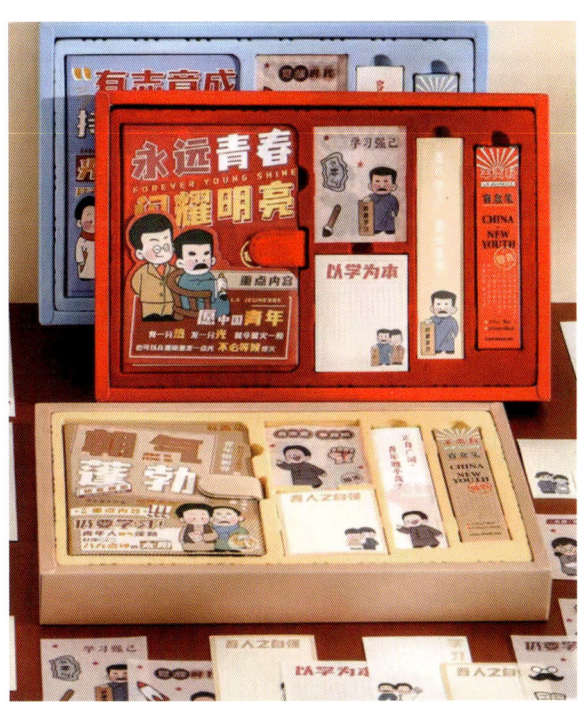

图 7-40 "新青年"系列文创产品

图 7-41 "新青年"系列键盘

图 7-42 燕山大学校园环境及"道山学海"笔挂

产品特别注重校园文化的挖掘与创新，将高校的校园文化价值转化为经济价值，兼具文化与经济的双重属性。高校文创产品是高校文化特色和价值观的载体，是校园文化传播的重要媒介。此外，高校文创产品还具有提升学校凝聚力、培养师生对学校的热爱之情的重要作用，有助于促进高校思政工作的开展。从经济学角度看，高校文创产品通过定价、销售等市场活动，将无形的文化资源转化为有形的经济资本，促进校企合作，是高校创新创业教育的新方式和新途径。总之，高校文创产品的设计研发，能够凝聚校园精神，强化师生认同；塑造文化品牌，推广高校文化。

2. 校园文创产品的类型

市场上的校园文创产品类型多样，主要分为四大类：礼品类的纪念徽章等；办公类的明信片、背包等；生活用品类的智能手环、水杯；服饰配饰类的服装、帽子等。这些产品既蕴含校园文化特色，又满足不同需求，展现了多元化的设计风格。图7-43所示为北京大学的校园文创产品马克杯。

图7-43　北京大学马克杯

高校文创产品不仅功能实用、艺术性强，还融入了高校文化符号，具有独特的艺术表现力和实用功能，生动展现了高校文化的魅力。

高校文创产品还可根据物质载体和文化创意内容进行分类，具体如下。

（1）按物质载体分类。

高校文创产品可被设计成学生的日常用品，满足学生的实用性与审美性需求。这些产品以简洁、新颖的方式，彰显高校文化的独特魅力。如表7-1所示，按物质载体划分，高校文创产品可分为学习与生活用品、首饰装饰、服装配饰及摆件装饰4种类型。

表7-1　文创产品分类——按物质载体划分

主类别	子类别
学习与生活用品	笔记本、书签、鼠标垫、水杯、明信片、日历、校园卡卡套、手机壳、雨伞
首饰装饰	项链、耳环、手链、戒指、手表、徽章、胸针
服装配饰	钱包、T恤、帽子
摆件装饰	高校建筑物模型

在学习与生活用品方面，设计师研发了紧密贴合大学生日常学习与生活需求的产品。这类产品以简单实用、便捷多样为设计理念，融入了高校的文化元素，体现了浓厚的学术氛围和高校特色。（图7-44）

在首饰装饰方面，设计师从博物馆、图书馆及校园特色植物中汲取灵感，提炼独特的文字、形状与花纹，并运用古朴内敛的工艺手法，打造蕴含高校文化特色的系列首饰。在设计过程中，设计师应考虑到高校学生群体的性别比例特点，使首饰风格偏向中性，以满足不同学生的需求。（图7-45）

在服装配饰方面，设计师通过在服装上烙印不同院系的logo，以及为各类团体定制专属服装，如班服、社团服、院服等，来凸显各团体的独特性，使团体成员产生归属感。（图7-46）

在摆件装饰方面，设计师将高校特色建筑等比例缩小，并作卡通化处理，不仅保留其形状特征，还赋予其情感化、拟人化的特点。设计师还推出了高校微型模型、特色建筑明信片、花卉树木台历等产品，从多角度展示高校的文化魅力。（图7-47）

第 7 章 特色文化与文创产品 / 137

图 7-44 清华大学"行胜于言"校训笔记本

图 7-45 浙江农林大学"流金杏叶"胸针

图 7-46 湖北工业大学连帽卫衣

图 7-47 湖北工业大学巡司河景观带金属摆件

（2）按文化创意内容分类。

如表7-2所示，高校文创产品根据文化创意内容可作如下划分。

表7-2 文创产品分类——按文化创意内容划分

文化创意内容	代表作品
校园品牌形象	学校微标图案挂饰、手绘地图、服饰
校园精神文化	校史变迁纪念笔记本、校训丝巾、书签
特色主题展览与节日活动	嘉年华、画展、音乐节、校庆纪念等活动及礼品
毕业季、开学季	以毕业季的分别和开学季的相见为主题的伴手礼
校园景观	以特色建筑、水景、雕塑、园艺为主体的冰箱贴和鼠标垫等

7.4.2 校园文创产品开发现状

在全球文创产品的开发领域，欧美发达国家处于领先地位，形成了完备的体系。国外大学重视文创产品的开发，挖掘高校文化精髓，实现了多重效益的和谐统一。英国和美国的高校在文创产品开发领域处于前沿地位，如牛津、耶鲁、哈佛等高校早已开设主题文创店，美国西俄勒冈大学也设计了多系列衍生品。相比之下，国内高校文创产品的开发起步较晚，缺乏系统性和创新性，同质化现象严重，产销脱节。为解决这些问题，国内高校需加强重视和投入，完善研产销体系，注重创新和设计，挖掘产品的文化内涵，以推动文创产品的开发。

1. 国外高校文创产品开发现状

美国有一个著名的高校文创品牌"UCLA"，即加州大学洛杉矶分校。加州大学在高校文创领域深耕四十余年，其品牌经营采取多元化发展策略，产品覆盖全球多个领域，在美国、加拿大、欧洲及亚洲地区均享有盛誉，并于2004年成功进军中国市场。哈佛大学标志性校园纪念品店"THE COOP"源自历史悠久的哈佛合作社，它创新性地采取了线上线下并行的营销策略，以其丰富的产品线深刻融入学生的学习与生活（图7-48）。欧美高校文创产业起步早，发展成熟，已形成由高校主导的涵盖设计、开发与营销的完整体系，其商业化运作模式不仅实现了高校经济效益的稳步增长，更为高校文化和文创品牌的全球传播提供了有力支撑。

2. 国内高校文创产品开发现状

目前，我国高校文创产业呈现出蓬勃发展的态势。高校将校园文化深度融入文创产品的设计、开发与营销中，实现了文创产品从校园到社会的广泛传播。例如，台湾师范大学依托校内资源，打造了独具特色的文创产品（图7-49）；复旦大学则在校庆之际推出了一系列创意纪念品，彰显了学校深厚的文化底蕴。

图7-48 哈佛大学与品牌合作的系列服装

第 7 章　特色文化与文创产品　　139

图 7-49　台湾师范大学礼品部官网商品

7.4.3　校园文创产品设计方法与推广策略

1. 高校文创产品设计方法

（1）"达意"与"传神"的设计理念。

"达意"理念强调文创产品作为校园文化传播媒介的叙事功能，它要求设计师在形态上巧妙构思，选择文化元素合适的表达形式，使人们能够深刻感受到文化元素的内涵。"达意"理念促使设计师将高校文化由抽象转化为具象，通过情感元素的提炼和故事的融入，使产品兼具物质与精神的双重价值。（图 7-50）

"传神"理念是对"达意"理念的深化，"传神"包括形态、使用过程和产品特质 3 个情感化层面，要求设计师与用户共情，创造出能引发情感共鸣的产品。文创产品应具有人文情怀，巧妙结合材质、形态、色彩等元素，满足用户对实用性和美观性的需求，触动用户心灵。

（2）"简"与"繁"的设计策略。

"简"策略强调简化元素符号，呈现简约美感；"繁"策略强调深挖文化意蕴，丰富外在表现。高校文创产品设计需要既关注产品的外观，又关注产品的内涵。设计师应深入探索实践，结合运用"简"与"繁"的设计策略，创造更多优质文创产品。

在开发高校文创产品时，我们应该持续深入探索和实践这些理念与策略，创造出更多具有文化内涵、能引起情感共鸣的文创产品。

2. 高校文创产品推广策略

（1）在高校文创产品的推广过程中，首要且核心的环节是提炼特色文化符号。这些符号不仅植根于区域文化的深厚土壤中，更深深扎根于高校的发展历史、办学理念、校训校风，以及高校传统与现代建筑中。通过深入的文化挖掘与系统的整合分析，这些文化符号被提炼为具有高度概括性和象征性的抽象符号，成为高校视觉识别系统构建的重要基础。

高校视觉识别系统的构建是一个多维度、多层次的复杂过程，涉及基本要素与应用要素两个核心层面。基本要素包括校名、标志、标准字、标准色等核心元素，而应用要素则广泛分布于办公用品、公共宣传用品、校园建筑装饰、网站、指示系统等各个实用领域。厦门大学百年校庆文创产品如图 7-51 所示。高校视觉识别系统的建立是高校文创产品推广的重要策略，将特色文化符号融入文创产品中，可塑造差异化视觉形象，开拓高校文创产品新的传播途径。

（2）高校文创品牌的构建是高校文创产品推广的另一重要策略，这是一项长期性、系统性的工程，它

图 7-50　河北经贸大学"麟呈祥"苏州码子发票挂毯

图7-51 厦门大学百年校庆文创产品

【厦门大学百年校庆文创产品】

基于深厚的文化资源积累，是具有独特价值底蕴的无形资产。高校文创品牌的构建不仅可以显著增强高校的人文氛围，还能增强师生对学校的归属感和认同感。高校文创品牌的构建需采取线上、线下多渠道策略：线下通过与企业的合作，精准对接市场需求，推动文创产品的市场化；线上则运用"互联网＋"思维，借助新媒体平台如微信公众号、淘宝等，构建多元化的营销推广模式，以扩大品牌影响力，开拓更广阔的市场。

（3）随着"大众创业、万众创新"的深入推进，创新创业教育已成为高校教育改革的重要方向。高校文创产业是创新创业教育的有效实践领域，推动高校文创产业与双创教育融合具有重要意义。通过将双创教育与文创专业技能教育深度融合，培养学生的创新创业素质与实践能力，有助于培养学生的创新意识、创新精神、创新思维和创新能力。高校文创产品的设计与推广也能反哺学校的专业和课程建设，促进教学改革与创新创业教育的发展，增强学生的就业适应能力。

3. 对高校文创工作的建议

高校应高度重视文创工作的系统性，整合校内外资源，加强顶层设计，构建协同创新的文创生态。高校应通过政策引导和资金支持，鼓励师生深度挖掘文化IP，发挥创意潜力，推动文创产品的创新设计。同时，建立产、学、研一体化机制，促进文创成果的市场化转化，提升高校文创品牌的影响力和竞争力，为高校文化建设和创新发展注入新动力。具体可以从以下几个方面开展工作。

（1）强调文化内涵，彰显社会价值。

高校文创产品应彰显文化属性，展现校园历史、特色及创新成果，增强师生文化认同，提升学校知名度。同时，承担社会责任，为社会文化注入新活力，传递正能量。高校应重视文创产业的发展，将其作为展示文化、提升形象的关键手段，助力学校繁荣发展。

（2）保护无形资产，促进价值持续增长。

高校无形资产是开展高校文创开发工作的重要基础。高校文创产品是对高校无形资产的有效利用，其凭借独特的文化内涵和市场推广方式，丰富了高校的文化形象，促进了高校无形资产的增值。面对市场上的侵权行为，高校应利用法律武器严厉打击制假售假行为，维护合法文化权益。同时，高校应加强正版文创产品的市场推广，以高品质、高价值的产品占领市场，实现市场份额和经济收益的稳步增长，促进无形资产保值、增值。

（3）构建开放平台，促进共创共享。

高校应构建文创协同平台，深化产、学、研融合，汇聚多元智慧，挖掘学校文化；打破壁垒，建立开放的文创生态系统；促进校内深度合作，鼓励师生共同参与提升文创产品品质；开设相关课程，举办设计竞赛，挖掘培育人才，将创意转化为产品；构建共创共享机制，为文创产品品质提升奠定基础。

（4）扩充产品种类，提升产品质量。

为满足多元化市场需求，高校文创产品需扩充品类、提升质量。设计师应以用户为导向，打造多层次的产品体系，使产品既有文化深度又有艺术美感；梳理产品线，明确产品定位，优化冗余内容，引入主流产品；加大高科技、创新技术类产品的研发投入，展示科研成果；加强与生产商的合作，保证产品质量，提升产品的整体竞争力。

（5）优化服务环境，升级消费体验。

在消费市场趋于饱和的背景下，高校文创产品应关注消费者情感需求，构建集展示、销售、交流、活动于一体的体验空间。同时，可在特殊时段策划活动，提升用户体验，增强品牌影响力。

（6）拓展经营渠道，加大营销力度。

高校文创产业发展需拓展经营渠道、加大营销力度。可联合文化机构推出联名产品，并适时进驻电商平台。同时，可利用新媒体平台构建宣传矩阵，提高市场触达率，增强产品的社会关注度。

（7）强化品牌认知，推行品牌战略。

高校推进文创品牌建设需强化品牌意识，构建独特的识别体系，确保产品有文化标签，以吸引目标消费群体。系列化产品是建设高校文创品牌的基石，需精心策划包装。品牌形象设计也十分重要，需进行专业设计并注册商标，统一产品信息表达方式。高校文创产品应推进内容与形式协同优化，树立有影响力的文创品牌，展示高校精神文化形象。

习 题

一、简答题

1. 简述特色文化的文创产品类别。
2. 简述博物馆文创产品的开发策略。
3. 简述食品文创产品的开发策略。
4. 举例分析红色文化资源。

二、思考题

调研自己所在高校的校园文化，从主题、类别、品牌等方面策划高校系列文创产品。

附件1：AIGC 图像生成——AI 提示词

序号	AI 伴学内容	AIGC 图像生成——AI 提示词
1	AI 伴学工具	AIGC 工具，如 Midjourney、Stable Diffusion、即梦 AI、可灵 AI、Runway 等
2	第1章 文化创意产品概述	文本生成图像，输入不同类型、不同文化层次的提示词，生成文化元素相关图片
3		文本——图像，反复生成提取同特点文创产品的准确提示词
4		文本——图像，反复生成提取不同种类文创产品的准确提示词
5		输入提取的准确提示词 + 创意手绘，生成具有新创意的文创产品图像
6	第2章 文创产品的创意思维与设计方法	DeepSeek 创意发散生成提示词，调整参数优化提示词
7		文本——图像——文本——图像，使用关键的几个提示词生成图像后，选择方向准确的图像，再次生成提示词，使用这些提示词再次生成更加符合需求的图像，完成文化元素的提取与简化，明确文创设计方向
8		大量刷图并积累使用经验，探知 AIGC 图像生成的基本素质与瓶颈，为使用 Stable Diffusion 辅助补充奠定基础
9		输入新艺术、新技术、新材料的提示词 + 现有产品图像，生成具有艺术、技术、材料跨界融合特征的文创产品图像
10		输入符合需求的图像 + 故事化情景提示词，生成符合需求的文本故事架构
11		输入抽象情景提示词 + 具象化图像，生成抽象变具象的可能性创意
12		多元化流行元素融合，通过融合不同设计方案中的流行元素，生成多元素融合的创意设计
13		跨界合作，通过输入某特定品牌的提示词 + 另一特定品牌的产品图像，生成跨界融合的可能性创意
14	第3章 文创产品设计的基本流程	文创产品设计调研，风格获取及训练，原型测试，原型迭代
15		文本生成图像，输入文本提示，描述生成
16		整理正向提示词与反向提示词
17		生成提示词结构： 文创产品，产品名称描述，风格描述，背景描述，细节描述，色彩搭配，材质肌理描述，环境描述，灯光描述，视角描述，画面描述，质量描述
18		图像生成图像，输入图像 + 文本提示。提供初始图像（如某一文创产品的草图或设计原型）+ 简要的文本提示，描述优化的细节、设计风格
19		图像融合，将多张文创产品图片进行融合，生成一个新的文创产品图片。

附件1：AIGC图像生成——AI提示词

续表

序号	AI伴学内容	AIGC图像生成——AI提示词
20	第4章 文创产品设计的材质与工艺	方案融合，通过融合不同设计方案中的形态、色彩、材质等元素，生成新的创意设计，该方法适用于将不同材质与工艺的特色结合，创造出具有创新性和独特风格的文创产品图像
21		直接融合，手绘草图 + 提示词重绘，以手绘草图为基础，通过重绘和细节优化，细化木材、竹材、铜制或陶瓷产品的纹理与表面质感，突出材质的独特性
22		风格迁移，将一种特定的艺术风格或文化元素迁移到现有设计中，生成具有新风格的文创产品图像
23		图片延展，将图片进行延展。在已有图像的基础上，扩展画面的边缘或背景，增加更多的元素或场景，使文创产品更加完整和丰富
24		局部重绘，针对图像中的某一局部进行重新生成或优化，重点突出文创产品某些部分的质感、形态和细节，以增强设计的精致度
25	第5章 传统文化与文创产品	民俗节庆文创产品设计 产品名称描述：民俗节庆文创产品（如灯笼、年画、传统饰品） 风格描述：传统中国风，节日喜庆，民俗艺术 背景描述：节庆氛围，红色背景，灯笼挂起，灯光闪烁 细节描述：对称设计，精美花纹，龙凤图案，吉祥符号 色彩搭配：红色、金色、绿色为主，搭配亮黄色、深蓝色 材质肌理：丝绸、竹子、纸质，表面光滑、精细 环境描述：充满节日气氛的街道，喜庆的灯光与烟花 灯光描述：柔和的节日灯光，灯笼发出的温暖光辉 视角描述：正面视角，特写镜头，突出细节 画面描述：对称、平衡的设计，精致的花纹，体现传统美学 质量描述：高清、高品质，细节清晰，色彩饱满，质感真实
26		民间手工艺文创产品设计 产品名称描述：民间手工艺文创产品（如竹编、木雕） 风格描述：传统工艺与现代设计结合，复古风格，简约现代 背景描述：自然环境，木质背景，温暖、自然的光线 细节描述：手工雕刻纹理，独特的造型，精细的手工艺 色彩搭配：温暖的木色、竹色，搭配米白或灰色 材质肌理：木质、竹子，天然材质的自然纹理，细腻质感 环境描述：温暖的工作室或自然光照射下的木质背景 灯光描述：自然光照射，柔和的光影效果，突出工艺感 视角描述：近景视角，突出对细节的雕刻，强调精细工艺 画面描述：细腻的纹理，细致的雕刻工艺，展现材料的自然肌理 质量描述：高清、高质感，材质纹理清晰可见，色彩自然
27		非遗文创产品设计 产品名称描述：非遗文创产品（如刺绣、陶瓷、木版画） 风格描述：传统工艺与现代设计的结合，复古艺术风格，独特且具有创新性 背景描述：古典或自然背景，文化氛围浓厚，复古设计 细节描述：精美的图案、细腻的工艺、历史符号与现代创意结合 色彩搭配：传统色调（如深红、金色、青铜色），搭配现代流行色 材质肌理：陶瓷、刺绣线、木版画等传统材料，细腻光滑 环境描述：传统文化氛围，博物馆、艺术展览场所、工作室 灯光描述：柔和光线，突出文化细节与复古氛围 视角描述：局部特写，突出细节，展示工艺精度 画面描述：精致工艺与创新设计的结合，历史符号的现代演绎 质量描述：高清，细节清晰，色彩饱满，具有文化深度

续表

序号	AI 伴学内容	AIGC 图像生成——AI 提示词
28	第 6 章　地域文化与文创产品	设计生成提示词 1 文创主题：IP 设计，联名设计，研学设计 产品类型：冰箱贴，手办，积木，文具，陶瓷，首饰，纺织品，灯具，餐具，包装，盲盒 产品形式：风格，元素，色彩，材质，场景，人物，动漫，服饰
29	第 7 章　特色文化与文创产品	设计生成提示词 2 文创主题：博物馆文创，食品文创，红色文创，校园文创，联名设计，研学设计 产品类型：冰箱贴，手办，积木，文具，陶瓷，首饰，纺织品，灯具，餐具，包装，盲盒 产品形式：风格，元素，色彩，材质，场景，人物，动漫，服饰

附件2：大语言模型——文本生成

序号	AI 伴学内容	大语言模型——文本生成
1	AI 伴学工具	生成式人工智能（AI）工具，如 DeepSeek、文心一言、智谱清言、Kimi、豆包、通义千问、讯飞星火等
2	第1章 文化创意产品概述	解读文化的重要作用和深远意义
3		解读国家对文创产业发展的政策支持
4		分析文创产业发展的趋势
5		解读产品特点与受众需求的关系
6		举例说明文创产品的不同类型
7		解读文创产品的作用与价值
8		解读国潮文化兴起及传统文化的传承与创新
9	第2章 文创产品的创意思维与设计方法	解读文创产品设计中的逆向思维和发散思维
10		解读文创产品设计中的抽象转化具象思维
11		DeepSeek 辅助生成文创产品的故事化情景
12		解读文创产品设计中的模拟思维
13		DeepSeek 辅助文化元素的归纳与提取并生成提示词
14		解读文创产品中文化意境的表现与传达
15		解读文化 IP 的市场价值和文化意义
16		解读现代消费者情感需求的多样化趋势
17		DeepSeek 辅助拓展更多的互动载体及形式
18		解读消费者情感需求与产品体验的关系
19		解读品牌跨界合作的经济效应
20		DeepSeek 辅助拓展新艺术、新技术、新材料
21		DeepSeek 辅助拓展多元化的流行元素
22	第3章 文创产品设计的基本流程	文创产品需求趋势洞察分析
23		DeepSeek 辅助产品调研与分析
24		解读文化调研的定义及方法
25		解读文创产品设计用户研究的定义与原则
26		DeepSeek 辅助文创产品用户数据研究
27		解读文创产品设计用户画像构建方法
28		什么是文创产品定位，如何进行风格定位
29		DeepSeek 辅助文创产品概念头脑风暴并生成提示词
30		举例文创产品个性化文案投放
31		举例文创产品营销文案生成
32		解读文创产品设计的定义、步骤与程序

续表

序号	AI 伴学内容	大语言模型——文本生成
33	第 4 章 文创产品设计的材质与工艺	解读传统材质与工艺在文创产品设计中的应用
34		解读文创产品设计中的材质要素
35		解读文创产品设计中的工艺特点
36		解读木材文创产品的特点与应用
37		解读竹材文创产品的特点,并举例说明
38		举例说明铜工艺在文创产品设计中的应用
39		DeepSeek 辅助银工艺文创产品设计作品的案例分析
40		解读陶瓷文创产品的概念与工艺
41		解读纸质文创产品的独特性与设计
42	第 5 章 传统文化与文创产品	解读民俗文化与文创产品的关系及其重要性
43		解读民俗文化中文创产品的定义与应用
44		举例说明民俗文化中文创产品的设计与创新
45		解读民间工艺与文创产品的概念与特点
46		解读民间工艺中文创产品的种类与发展
47		DeepSeek 辅助分析非遗文创产品并生成提示词
48		解读非遗与文创产品的互动与创新
49		举例说明非遗与文创产品的设计融合
50		解读工匠精神与文创产品的关系
51	第 6 章 地域文化与文创产品	解读地域文化的概念和定义
52		解读地域文化创意产品的概念和现状
53		解读地域文化传承与保护的政策导向与前景
54		解读地域文化创意产品的设计原则与思路,并举例说明
55		解读文创产品设计中的"传神"与"达意"
56		地域文化元素如何转化?
57		叙事性设计思想是什么?在文创产品中如何应用
58		举例不同的地域文化创意产品设计,如华南地区、江南地域、中原地区
59	第 7 章 特色文化与文创产品	解读中国博物馆发展规划及国际影响
60		解读博物馆文创设计的特性与开发策略
61		什么是食品文创产品?与食物设计、食品包装设计的区别是什么?
62		食品文创产品的设计原则与方法
63		什么是红色文化?红色文化元素有哪些?
64		红色文创产品的设计方法与原则
65		解读校园文创的概念与范畴,并举例说明
66		校园文创产品的设计原则与方法